14歳の自分に伝えたい「お金の話」

Things I Wish I'd Known about Money When I was Fourteen

藤野英人
投資家

マガジンハウス

「なぜ、14歳なのか？」――不思議に思ったかもしれない。
「まだ自分で稼いでいない14歳には、お金の話なんて早いんじゃないか」と。

しかし、大人だけではなく、14歳だって、
お金に無縁で生きていくことなんか一日だってできやしない。

14歳の生活とお金は密接に結びついているし、
大人でも子どもでもない「変化」の時期に、
お金についてじっくり考えることは大きな意味がある。

それなのに、家や学校でお金のことを教えてもらう機会はほとんどない。
僕自身、14歳の頃はお金のことなんてほとんどわかっていなかった。

「やりたいことが見つからない」
「将来がなんとなく不安」
「なぜ勉強するのかがわからない」

14歳が抱えがちな（そして、当時の僕が抱えていた）悩みは、
上手な「お金の付き合い方」を知ることで、解決の糸口がつかめる。
そして、これからの人生で「お金のパワー」を存分に活用できれば、
未来はどんどんよりよいものに変わっていく。

この本には、僕が投資家として30年間考え続けてきた「お金の話」が詰まっている。
僕は14歳のみなさんに（そして、14歳の自分に）、この本を贈る。

目次

14歳の自分に伝えたい「お金の話」

第1章

「お金」のこと

〝人の努力や才能を引き出す〟パワーがある

第2章

「使う」こと

「僕らの使い方」が
社会の景色を決めていく

第3章

「仕事」のこと

自分に合った「働き方」「稼ぎ方」を知る

第4章

「人生」のこと

「幸せ」と「お金」の意外な関係

はじめに　「お金」を知れば、「未来」が輝き出す

こんにちは。藤野英人です。

僕はレオス・キャピタルワークスという会社を経営しています。会社では投資信託を運用するファンドマネージャーの仕事もしていて、「投資家」と呼ばれることもあります。

投資信託？　投資家って？　聞き慣れないかもしれません。もう少し詳しい説明は後でするとして、つまり僕は「お金のプロ」として日々仕事をしています。

普段は大人向けに話をすることが多いのですが、この本では14歳のみなさんに向けて、「お金の話」を語っていきたいと思います。

「14歳に向けて」と言うと、「まだ働いてもいない14歳には、お金の話なんてする必要がないんじゃないか」という声が聞こえてきそうです。

ところが、決してそうではありません。早いうちからお金について学び、考えることには大きな意味があります。

例えば、お金には「社会の未来をつくる」という役割があります。

僕たちはモノやサービスを買うことを通じて、「好き・嫌い」の意思表示ができます。多くの人から「好き」を集められた会社は、社会の中で影響力を増していく。逆に、ほとんど誰からも「好き」を集められなかった会社はやがて社会の中から姿を消していく。つまり、僕たちが「何にお金を使ったか」というのが、社会の未来を決めてしまうのです。

もし、14歳のうちからこうした視点を持って、**応援したい商品や会社に対して、お**

金を使うことができれば、みなさんが大人になったとき、社会は今よりもっと素敵なもので溢れていくでしょう。

今、お金について知るかどうかは、みなさんの未来を大きく左右する。大げさではなく、心からそう思うのです。

また、13歳でも、15歳でもなく、「14歳」にこだわったのにも理由があります。14歳は学年でいうと中学2年生から3年生にかけての時期。もう子どもでもなく、かといって大人にもなりきれていない、とても曖昧《あいまい》な年頃です。体も心も成長してきて、なんとなく大人が近づいてきているようだけれど、具体的なイメージは湧いていない。ふわふわと地に足がつかないような、視界不良の水中でもがいているような、未経験の苦しさを感じている人は多いのではないでしょうか。

実は、**僕自身が14歳のとき、本当に苦しくて打ちのめされていた**という経験があります。それまでの僕は勉強が得意でスポーツも楽しんでいる、活発な中学生でした。

しかし、突然のスランプに襲われたのです。

今思えば、「成長痛」の一種だったのかもしれません。14歳の時期には、毎月1センチずつ身長が伸びていたので、骨や筋肉の成長に、内臓が追いついていなかったのでしょう。

原因不明の倦怠感《けんたいかん》や落ち込みが続き、勉強やスポーツに対する気力がみるみる落ちていってしまいました。大好きだった部活も休んだり、早退したりする日がポツポツと増えていきました。

体調不良で、外出する気にもなれなかったので、家で本ばかり読んでいました。このときの読書体験は人生に生きたと思っていますが、近代文学の闘病記を読んで「自分もいつか死ぬのかもしれない」とさらに落ち込むこともありました。

当然、成績も落ちます。憧れていた志望校の前に雲がかかり、遠のいていくようでした。「僕の人生はこのままずっとどん底かもしれない」と、将来にも絶望感が募り始めました。

元気はつらつ少年だった僕が塞ぎ込む様子を見て、両親も心配していました。

幸い、体の成長が徐々に落ち着き、15歳を迎える頃には自然と心身の不調が解消し、トンネルを抜けることができたのですが、暗い道の途中ではずっとモヤモヤしていました。

僕は基本的にポジティブでアクティブな人間なのですが、14歳の時だけは暗く沈んだ記憶に覆われているのです。人生でまさに〝絶不調〟を経験した初めてのタイミングが、14歳でした。

その頃の気持ちを振り返ってみると、将来について希望を持つこともできず、「絶不調でひとりぼっちの自分」と「社会」は分断されていました。そして、自分や社会の先にある「未来」も、自力ではどうしようもない、つかみどころのないものでした。

僕ほどではないにしても、同じようなウツウツ、モヤモヤを抱えている14歳は、きっと多いのではないでしょうか。

だから、僕は語りかけたくなったのです。あの頃の自分自身に。

この本では、14歳の頃の僕を現代に呼び寄せたつもりで、〝君〟と語りかけながら、話をしていきます。「現代」を起点にしているので、「暗号通貨」や「クラウドファンディング」など、僕が14歳の頃にはまだ登場していなかったものについても触れています。仕事のことや、人生のこと、世の中との関わり方……。こういった話を「お金」を通じて伝えていきたいと思います。

なぜ「お金」なのかというと、僕自身がお金からたくさんのことを学んできたからです。

お金を扱う仕事をし始めて30年が経ちますが、お金について考えることで、仕事や社会、そして人生そのものを広く深く見渡すことができるのだと、実感しています。

お金は僕たちに「フラットであれ」という教訓を教えてくれます。

お金は一部の人の元に集まって貧富の差を生むこともありますが、本来は、水のようにしなやかに流れる特性を持っています。

社会の隅々にまで行き渡って、循環を生み、素敵な未来をつくる夢を応援する。そんなパワーも秘めているのです。

僕が長年仕事にしている「投資信託」もまさにそう。

できるだけたくさんのお客さまから「すぐに使う予定がないお金」を預かって、まとまった資金にして、株式や債券に投資して運用し、利益を出して、お金を出したお客さまに還元しています。株式や債券を発行する人たちは、「やりたいことがあるのに、実行するための資金が自分のお金だけでは足りない」という事情を抱えている人たちです。

つまり、お金には必ず「人」の存在がひもづいている。夢がある人のもとに、お金を動かすことができる。

お金を出す人は「投資家」と呼ばれますが、その投資家とお金の関係もフラットです。北海道から沖縄までいろいろな場所に住んでいる、年をとった人も若い人も、100万円を出した人も1万円を出した人も1億円を出した人も、どんな人のお金もみんな平等に大切にしながら運用していく。

こういうお金の仕組みを知るほどに、世の中の見え方も変わっていきます。

僕は、「お金」について知るほどに、社会と関わることが楽しみになりました。それにとても大切なことに気づいたので、ぜひみなさんに伝えたいと思ったのです。

14歳も、大人も、等しく「お金」と関わっているんだと。

この意味がすぐには分からなくても、本を読み終える頃には、きっとみなさんは何かを感じ取ってくれるはずです。

さあ、さっそく14歳の僕を呼んできて、「お金の話」を始めましょう。

第 1 章

「お金」のこと

〝人の努力や才能を引き出す〞パワーがある

お金は〝過去と未来の缶詰〟

さあさっそく、14歳の君に向けて、お金の話を始めましょう。

まずは**「お金とは何なのか?」**というところから考えてみたいと思います。

あらためて考えてみると、お金は僕たちにとってとても身近な存在です。でも、社会の教科書には、「貨幣とは何か」は載っているのに、「お金とは何か」は載っていない。だから、テストに出ることもない。

正直に告白すると、お金の仕事をしている僕にも、ズバリ短い一言で説明できる答えはまだ見つかっていません。お金はそれくらい複雑で奥深いもの。

ただし、お金が僕たちにどんなことをしてくれるのか、その役割や影響については他の大人よりも知っているし、研究をしてきたつもりです。

「お金とはどういうものか」を考えたときに、僕の頭に思い浮かぶイメージは〝缶詰〟です。表に「過去」というラベルが貼ってある缶詰です。

お金というものは、自然と財布の中で増えるものではありません。植木鉢に水をやるとジャラジャラとお金が成ったり、鶏が産んだ卵の中に入っているわけでもない。

そう、「お金がある」ということには必ず理由がある。

君のお父さんやお母さんが仕事をして稼いだお金から分けてもらったお小遣いなのか、君のお手伝いによる成果なのか、誰かがプレゼントしてくれたものなのか。そこにあるお金は、必ず誰かの営みやつながりによって生まれたものです。

とにかく君の財布に入っているお金には、ここまでやってきた理由がある。

つまり、お金とは「過去の営み」が詰まった缶詰。

見た目は同じでも、パカッと開けると中身はみんな違う。君の財布に入っている千円札と友達の財布に入っている千円札では、ここまでやってきた理由が違うんです。全部お小遣いという理由が1種類の中身の缶詰もあれば、いろんな理由が詰まったミックス缶もあるでしょう。

だから、**今の君が持っているお金は、君がこれまで生きてきた営みの証し。努力や環境、人間関係、全部の結果があって引き寄せたもの。**そういう意味で、お金は持ち主が歩んできた過去のすべてを表しているものなんですね。君の財布の中には、14年間生きてきた積み重ねがあると言っていい。もちろん、お金がその人のすべてを説明するわけではないけれど。

ここで、缶詰をクルッと回転させてみます。すると裏面には別のラベルが貼ってあります。ラベルには「未来」と書かれています。

そう、お金は「過去の缶詰」であるのと同時に、「未来の缶詰」でもあるのです。

今手元にあるお金を使って、部活に必要な道具を買ったり、観たい映画を観に行ったり、アイドルのグッズを買ったり、コンビニでお菓子を買ったり、本を買ったり。僕たちは新しいものや体験を手に入れることができます。これらはすべて「未来への選択」。つまり、**「お金を使って何をするか」という選択が、君の未来を形づくっていくのです。**

お金とは、過去を表し、未来を創るもの。過去と未来のつなぎ目にお金がある。そう考えると、とてもドラマチックな魔法を僕たちは手にしているように思えませんか。

人の幸せを左右する「おっかねー」もの

一方で、お金は「おっかねー」ものでもあります。

おやじギャグだと笑わないでくださいね。これは僕が初めて就職した会社で、実際に先輩から言われた言葉です。その会社は、お客さんから預かった巨額のお金を使って投資する会社で、先輩は預かり金の運用を任されるファンドマネージャーという仕事をしていました。

変なギャグを言う先輩だなと思ったけれど、10年くらい仕事を続けていると「たしかに、先輩が言ったとおり、お金は〝おっかねー〟ものだな」と、その意味がわかるようになりました。

先ほどお話ししたように、お金は未来の自由な選択を可能にする素敵な缶詰です。しかし、だからこそ争いの元にもなる。たくさんのチャンスを運んでくれると同時に、それを欲しがる友達と喧嘩になったり、国同士が戦争を起こしたりするきっかけにもなる。

世界で今起きている戦争は、「お前だけ富を独占するのはずるい」「いや、譲らない」といった経済的利権の争いが引き金になっている場合がほとんどです。会社だって、どんなに仲がいいチームで働けていたとしても、お金が尽きてしまうと解散するしかなくなってしまう。

人々の幸せを大きく左右する、おっかねーもの。それもまたお金の本質です。だから、取り扱いには要注意。

でも、お金がチャンスもリスクも呼ぶものだとよく理解して丁寧に向き合うことができたら、きっと君の人生の味方になってくれる。

缶詰の中身を豊かにするかどうかは自分次第。そんなお金が、僕は好きだし、実に面白いなあと思うのです。

お金は「価値の交換」ができる便利な道具

もう一度、最初の問いに戻ります。

お金とは何なのか？

今度は僕自身の捉え方から少し離れて、もっとお金の「定義」に近い話をしたいと思います。

お金の役割とは**「人と人が価値を交換する、あらゆる活動の媒体になること」**だと僕は理解しています。

媒体とはつまり、間を取り持つ役割を果たすもの。ある人が自分でつくった、あるいはなんらかの方法で手に入れたモノやサービスを、他の誰かに提供したいとき、その交換取引の間を取り持つのがお金です。

では、モノやサービスを誰かに提供するときに、なぜお金が必要なのか？　タダであげるのではなくて、お金をもらうやりとりが原則になったのには理由があります。

モノやサービスをつくるまでには、材料や知識、労力、アイディア、いろんなエネルギーやコストがかかる。これを経済学では「研究開発投資」と呼んだりします。

だから、完成品を誰かに提供するときには、そのかかった分を回収するためにお金を払ってもらうというわけです。

材料費のような目に見えるコストだけでなく、**労力やアイディアといった〝目に見えないコスト〟にも値付けをして、価値の交換をどんどん可能にしていく。**

あらゆる「コスト」を全部含めて、「価値」が決められる

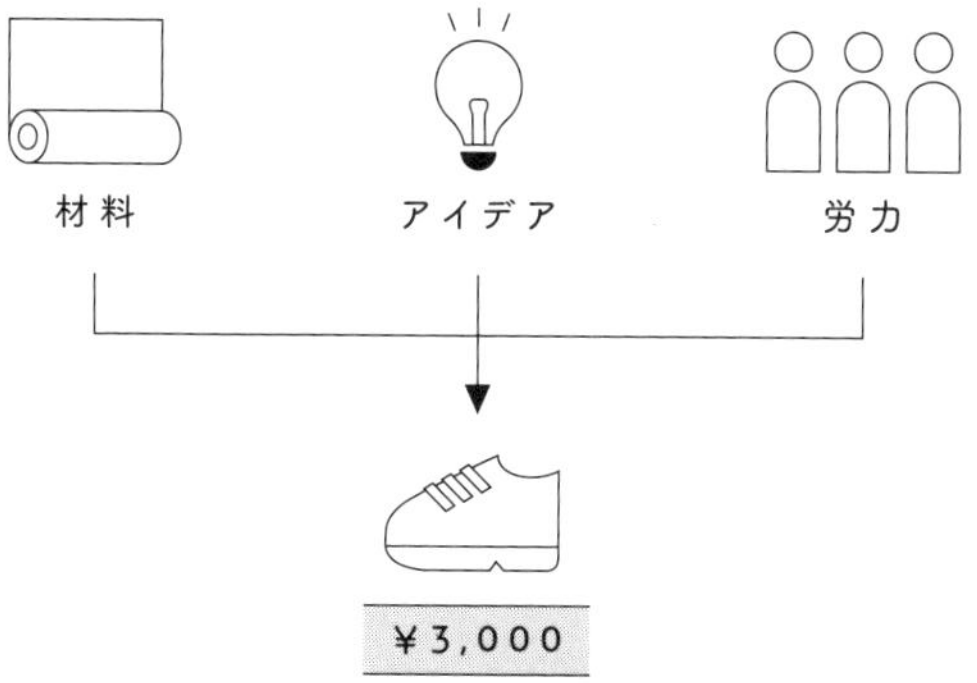

お金が「価値の交換」を可能にしていく

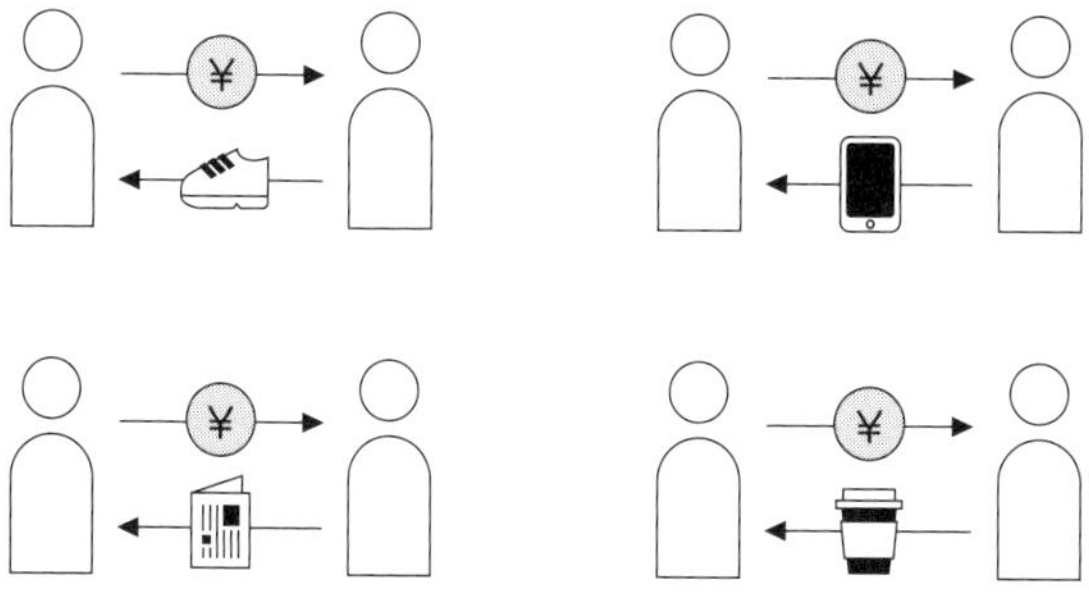

君の家にあるもの、例えば、靴、お皿、筆記用具、布団、車……全部がお金を通してやってきたものです。そうやって社会生活は成り立ち、発展してきたのです。

お金がない時代には、物々交換で必要なものをすべてそろえようとしていたという歴史は知っていると思うけれど、今の生活を知っている僕らからすると、不便で非効率だっただろうなと想像してしまいます。

だから、昔の人は大きな不便を解消するためにお金を発明し、その役割を発展させていった。最初に使っていたのは石や貝殻。次第に青銅などの金属へと素材を変えて、お金の姿は進化していく。これが貨幣の誕生です。

貨幣が社会に流通し始めると、**「誰かのために何かをつくる、何かをしてあげるという行動は、お金と交換される」**というルールへの理解も広がっていきました。

お金を得ると、自分の好きなものや欲しいものが手に入ります。

だから、誰かの役に立つものやサービスをつくってお金をもらおうとする人が爆発的に増えていったのです。

「お金」が社会を発展させてきた

考えてみてほしい。君が毎日当たり前に使っているもの、例えば家にあるテレビを思い浮かべて、そのテレビをイチから自力でつくることはできるでしょうか？

設計図を書いて、部品のすべてを調達して、組み立てて、さらに電波をキャッチするための通信環境も自分でこしらえる。

それを「全部自分一人でできる」と言える人は、おそらくいないでしょう。

でも、それを悲観する人もいません。テレビを自力でつくることはできない代わりに、僕らは他人がつくってくれた完璧なテレビを手に入れることができるからです。

お金を使って買えば、すぐにでも自分のものになるのです。

人類を発展させた発明品の多くは、その前にお金が誕生していたから生まれたと言ってもいい。

もちろん、お金がなかった時代にも他人のために一生懸命になれる人はいたはずだけれど、「お金に交換できる」という約束がある世の中になったから、熱心に努力する人、才能を発揮する人が飛躍的に増えていった。

つまり、**お金の〝人の努力や才能を引き出すパワー〟によって、文明社会の発展は加速した**のです。そう考えると、お金はエライですね。

このようにお金は誕生直後から人気を集めたわけだけれど、その価値を誰かが保証する必要がありました。

「このお金は本物で、好きなものと交換できる」と皆が信じないと、交換は成り立たなくなってしまいますからね。

だから、誰でもお金を発行していいわけではなく、時の政府が正式に貨幣を発行することで、その価値を担保していたのです（この仕組みについては、62ページで詳しく説明します）。

ところが、いつの時代にも悪いことを考える人はいるもの。日本で最初にできた貨幣は、683年頃につくられたとされる「富本銭《ふほんせん》」で、中央に四角い穴が空いた丸い銭貨《せんか》なのですが、ほぼ同時期の出土品として大量の偽銭が発見されています。その量は本物より多いというから、人間の貪欲さに驚きます。

なんだか遠い先祖を情けないと感じるけれど、こんな見方もできます。その貪欲さが求めたものは「誰かの努力」であり、「誰かの才能」なんだと。

努力や才能の成果が欲しいから、自分でお金をつくって手に入れてしまおう。そんなピュアな貪欲さで、精巧な偽銭をつくった人がたくさんいたというのは人間らしいなと、僕は感じてしまうのです。

しかし、お金の偽造はいつの時代でも重罪です。当然、当時の政府も偽銭のつくり手を厳しく取り締まりました。取り締まったのだけれど、本物と見まがうほどの精度で偽銭をつくった悪人については、むしろその高い技術を評価して、役人として雇用したという話もある。

そんな奇想天外な実話まで生み出してしまうのだから、お金はやっぱり面白いし、パワフルですね。

「パワフル」だけれど、「万能」じゃない

さて、自分の好きなものや欲しいものと交換できるお金。じゃあ、これをたくさん持っていたら、生涯安泰かというと、実はそうじゃない。

「お金があればなんでも手に入る」とは言えないからです。

例えば、空気、太陽、海。こういった自然の恵みは、どんな資産家でも買うことはできません。

あるいは、愛情や友情、信頼、尊敬。人の心もまた、お金で買えるものではありません。

少し前に「女性の心はお金で買える」と言って炎上した起業家がいたけれど、これは半分本当で半分間違いです。

たしかに高級レストランの食事や、高層マンションから見えるきれいな夜景で女性の恋心に火をつけることはできるかもしれないけれど、それだけで愛を永続させるのは難しい。

つまり、**世の中にはどんなお金持ちでも買えないもの、値段がつかない〝プライスレス〟な価値がある、**ということ。もしかしたら、買えないものの数のほうが多いのかもしれません。

また、値段はついていても、モノの数が足りないから買えないというパターンもあります。

君もおじいさんやおばあさんからよく、「昔は買いたくても買えるものが少なかったんだよ」という話を聞かされていましたね。

実際、第二次世界大戦で敗戦した日本では、ベビーブームで人口が増えるペースに対して、モノをつくるための労働者や工場、モノを売るためのお店や流通網が圧倒的に不足し、深刻な「供給不足」が続いていました。

お金があっても、モノがない。だから、お金持ちよりも「つくる人」の立場が強く、

「お願いだから売ってください」「お前には売ってあげてもいいぞ」といった会話があちこちで交わされていたのです（お金を払うお客さんのほうがエライ、とされることが多い今の世の中とは、ずいぶん様子が違いますね）。

その時代からだんだんとモノの供給は増え、一方で人口が減って買い手も少なくなっているから、今は「モノが溢れる時代」だと言われています。

商品は絶えず供給され続け、お店に行けば、いつも棚いっぱいの商品が並んでいる。ただ、そんな現代でもまだ、簡単に買えないものは存在しています。非常に貴重な素材や技術を使って、世界にまたとない商品やサービスを生み出す人には、「それを売ってください」という人がたくさん集まります。

希少性が高く、需要が大きいほど〝価値〟は上がっていく。そして、価値に比例して、集まるお金も増えていく。

そんな視点で、世の中の「価格」を観察してみてください。きっと面白い発見があると思いますよ。

経済＝「お互いに助け合う関係」

「お金とは何か？」という問いに関連して「経済」についても、少し話をしようと思います。

君は「経済とは何？」と聞かれたら、どう答えるでしょうか？　君は結構勉強ができたから、学校や塾で習ったことをいろいろ話してくれるかもしれない。

でも、教科書に載っている「経済」はお金を稼いで自由に使えるようになってから初めて関わり始めるもので、まだ働いていない自分には関係ないと思っていないでしょうか。

もしそうだとしたら、そのイメージは今日から捨ててほしい。経済は大人だけのものじゃない。子ども、もっと言えば、今この瞬間にオギャーと生まれた赤ちゃんにだって深く関わるものなのです。

僕たちはこの地球上で生きているだけで、大いに経済に貢献しています。

たしかに、高給取りでたくさん税金を納めている人が社会全体の経済にもたらすインパクトは強いでしょう。けれど、1円も稼いでいない14歳だって、立派な経済人なのです。

例えば、君が着ている服、さっき飲んだペットボトルのジュース、夕ご飯に食べる予定のオムライス。それらは全部、もとは誰かがつくった商品だったはずです。

それを君の親や君自身が買って、自分のものとして使っている。使ったお金は君が稼いで得たお金ではないかもしれないけれど、**君は〝消費者〟として、そのお金の流れのきっかけを生み出した張本人**なのです。

つまり、君がこの世界に生まれなければ動かなかったお金があるということ。そう考えると、経済という言葉がぐっと身近に感じてきませんか?

君が生きているおかげで、存在している会社はたくさんあると思っていい。

今日着ているシャツが3000円だったとして、その3000円はシャツを売って

経済のサイクルは「消費」から始まる

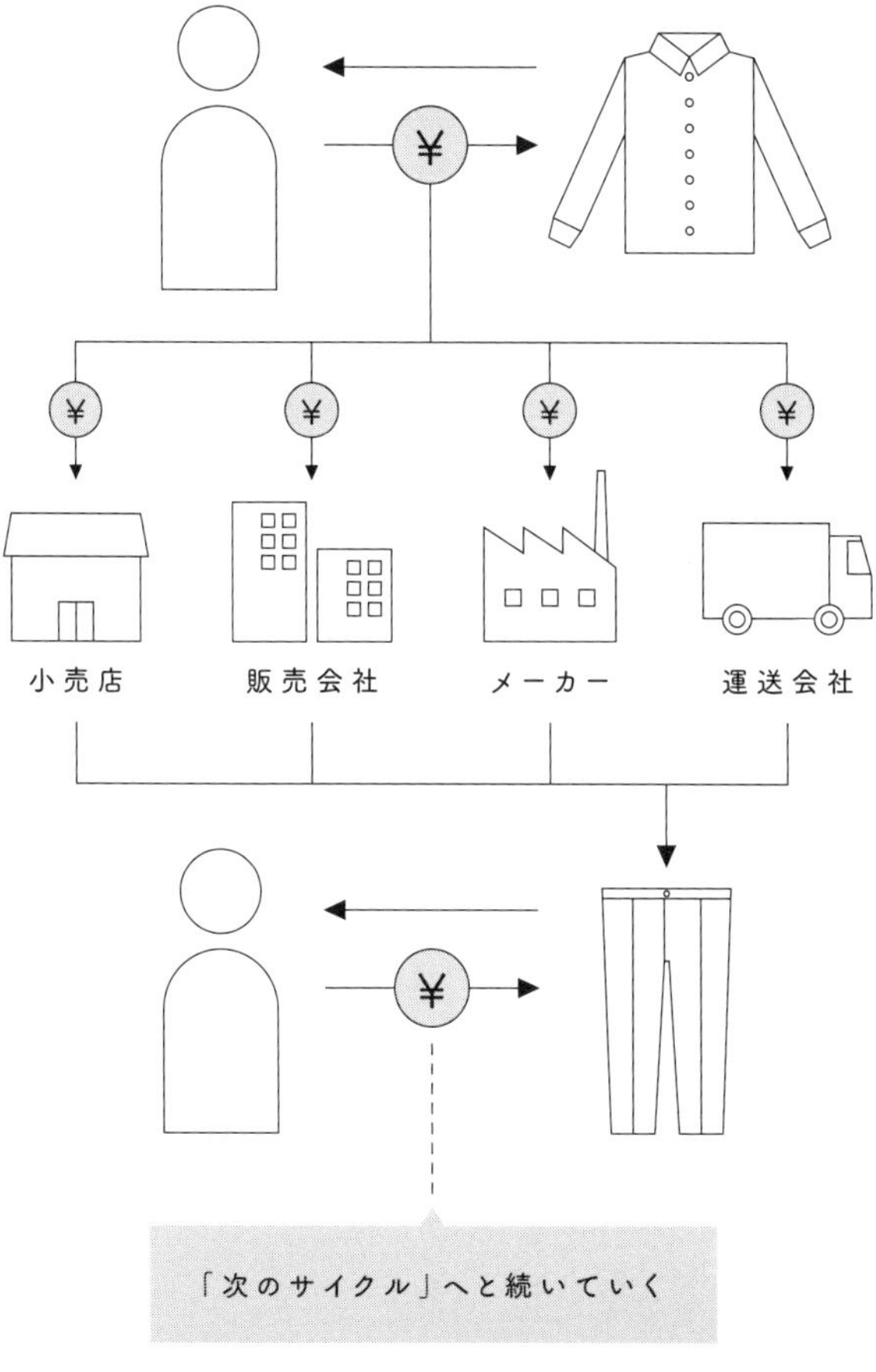

いたお店やつくっていたメーカー、そのほか関係する会社にとっての「売り上げ」になります。

売り上げのお金を元手にして、その会社で働く人たちに給料が支払われ、さらに新しい商品を生み出す原資として使われて、また君の手元に来シーズンの服がめぐってくる。こういった**経済のサイクルは〝消費〟がなければ動き出しません。**

この世に生まれてから14年間、完全な自給自足で、誰とも交流せずに過ごしてきたという中学生はいないでしょう。人やモノと関わっている時点で、立派に「経済に参加している」と言えるのです。

中学生どころか、生まれたばかりの赤ちゃんだって、ミルクを飲み、オムツを代えてもらい、泣けばお気に入りのオモチャを差し出されます。これだけでも、ミルクをつくる会社、オムツをつくる会社、オモチャをつくる会社の売り上げを支えている。赤ちゃんが一つの産業を成り立たせているのです。

僕は世の中の誤解を解きたい。

「働いて稼がなければ経済に参加していない」なんて**大間違い**だと、声を大にして言いたい。

専業主婦・主夫の人が「私は働いていないから、社会に参加していない」と言うのを聞くと、つい「そんなことはありませんよ」と話をしたくなります。

専業主婦・主夫という〝仕事〟は、働くことに集中するパートナーに代わって、その人の分まで家事や育児を担うという生き方なのだから、それだけでも十分に立派な社会参加です。

また、もし家事や育児をしていなかったとしても、生きて消費をしているだけで、家族以外のたくさんの人を支えていることになります。

お年寄りだって同じです。「定年退職したから、もう世間の用なしだよ」なんて言っているおじいちゃんに対しても、そうではないと訴えたい。

もっと言えば、世間で冷ややかな視線を浴びがちなニート（就学・就労をせず、職業訓練も受けていない状態）にあたる人たちも、消費者としての社会参加は日常的にしています。

寝たきりで身体の自由がきかない人であっても、治療や療養を通じて経済に深く関わっています。

消費がなければ、経済は動かない。

人間は生きている限り、無条件で誰かを支えている。そこには年齢も性別も就労の有無も関係がない。すべての人が、誰かを支えている。この相互扶助の考え方、つまり、**互いに助け合う「互助」の関係こそが「経済」の基礎です。**

経済とは、人と人が支え合う営みのことなのです。

銀行はお金を社会に循環させている

お年玉やお小遣いをもらって、すぐに使い道がないとき、そのお金をどうしていますか？　堅実家の君は「銀行に預けている」と答えるんじゃないかな。

銀行はたくさんの人から「すぐに使わないお金」を集めています。では、集めたお金で銀行は何をしているのでしょうか？

巨大な金庫に札束をためて寝かせているわけではありません。**銀行は集めたお金を「社会に循環させる役割」を担っています。**

例えば、30代の夫婦に子どもができて、「今住んでいるアパートだと狭くなるね。もう少し広い一軒家を買いたいね」と話し合って、住みたい家を見つけたとします。でも、夫婦の収入や貯金では、何千万円もする一軒家を買うのは難しい。だからといって、お金が貯まる年齢まで待ったら、子どもたちがとっくに成人する頃になってしまう。そう、人生には「お金が前倒しで必要になるイベント」が時々あります。その典型例が住宅購入なのですね。

お金がなくても家が欲しい。そんな人にお金を貸して、分割返済できるサービスを提供しているのが銀行です。数千万円の買い物を、月数万円からの分割払いで可能にする「住宅ローン」は、たくさんの人の人生設計に深く関わっています。

住宅ローンは原則として個人向けに貸し付けをするサービスですが、同じように会社にも銀行は貸し付けをしています。

例えば、新しい製品をつくるための工場建設を計画している会社に対して、工場を建てるための費用を貸す。

工場の規模によって、その費用は億単位の莫大な金額になるかもしれませんが、新しい工場で生産される製品が素晴らしく、多くの人に支持されてヒットとなれば、その会社はたくさん儲かって、銀行から借りたお金をしっかり返済できるでしょう。返済するときには、借りたお金にいくらかプラスして支払わなくてはなりません。これを「利息」と言います。そして、利息の一部が銀行の利益になります。

「前倒しで夢を叶えたい人や会社にお金を貸す」というビジネスは、相互にとってメリットを生む、非常にうまくできた仕組みなのです。

僕が最近お話を聞いた東京在住の中学2年生、ひなこさんは「素敵な空港をつくるのが夢」なのだそうです。

ご両親と行った海外旅行で、イギリスにあるヒースロー空港に降り立ったことがきっかけで、「空港の中に電車も通っていて面白かった。私も、街みたいな空港をつくってみたいから、将来は建築家になりたいと思っています」と楽しそうに話してくれました。

ひなこさんが建築家になって空港をつくる仕事が実現したときにも、きっと銀行からお金を借りる（一般的には「融資を受ける」と言います）ことになるでしょう。

そして街みたいで素敵な空港が完成したら、きっと評判になって、たくさんの人がひなこさんがつくった空港を利用するはずです。

するとお金を貸した銀行も喜ぶはずですが、それだけではありません。空港で職を得た人の暮らしが潤い、家族が増えて、税金を納めて、社会も豊かになっていく。

ひなこさんの夢から広がる**「豊かさ」の連鎖は、果てしなく無限**です。

夢にお金を貸すことの素晴らしさは、ここにあると思っています。

ちなみに、僕の「投資家」という仕事も、銀行の役割と近いことをしています。もっと直接、夢を応援する仕事と言えるかもしれません。その話は後ほど、またゆっくりとすることにしましょう。

ここまでの話で気づいた人もいるかもしれません。

今年の初めに、銀行に預けた君のお年玉は、今ごろ何をしているのでしょう？

きっと、社会の隅々までめぐって、誰かの夢を応援しているはずです。

「貯金以外の選択肢」を持っておこう

銀行の役割について理解すると、「貯金」に対して持っていたイメージが変わってくるのではないかと思います。貯金はいかにも自分のためにするようで、実は見ず知らずの他人の夢を応援する原資になることもあります。

一方で、**日本人は「貯金に偏りすぎている」**とも言われています。

働いて稼いだお金を好きなことに使うことよりも、貯めることのほうが「清くて正しい」という教育を、なんとなく受けているからか、とにかく貯め込んで使わない人が多いのです。

銀行にお金を預け、銀行がちゃんとそのお金を融資に回している場合には、先ほどお話ししたような「お金を社会にめぐらせる効果」が出ます。ただ残念なことに、実際には預けられたお金を銀行がちゃんと融資に回せていないという問題もあったりする。なので、君が銀行に預けたお金が世の中のためにしっかり役立っているのかどうか、ちょっとあやしいところもあります。

さらに、現金をそのまま家の中に置いておく、いわゆる「タンス預金」をしている人も結構います。

日本の個人金融資産は約1900兆円あるのですが、現預金が1056兆円(2020年12月末時点)。このうち現金(＝タンス預金)は101兆円にものぼります。桁が大きすぎてピンとこないかもしれないけれど、日本政府が国家予算として使う1年間の金額(一般会計歳出総額)が約100兆円なので、**国家予算の10倍近い額が個人の現預金になっている**ということです。

これは先進国の中でも日本特有の傾向で、欧米人はお金を貯めることにそれほど価値を見出《みいだ》しません。消費や投資に回して、どんどんお金をめぐらせて、経済を活性化させています。

2020年3月末時点で、家計金融資産（個人の資産）における「現金・預金」の割合は、日本が54・2％であるのに対し、アメリカでは13・7％しかありませんでした。代わりに、アメリカ人は株式や投資信託への投資により多くのお金を使っています。「資産を増やすには、投資をしたほうがいい」という価値観が根付いているからです。

では、日本人はどうして現金を手元に貯めるのが好きなのでしょうか？

僕の仮説ですが、おそらく**日本人はシンプルにお金が〝大好き〟なのだ**と思います。お金そのもの、モノとしての紙幣や貨幣が大好きだから、できるだけ使いたくないのです。

お金を扱う仕事をしている僕は、超がつくほどのお金持ちに会う機会もよくあります。本当にいます、「モノとしてのお金が好きで好きでしょうがない」という人たちが。

使い切れないほどのお金を持っているのに、使わない。それはお金が大好きで、手放すのが嫌だから。

これから新しい事業にチャレンジしたいと意気込む起業家に向けて、僕はよく言います。**「みなさんのライバルは他の会社ではありませんよ。お金そのものです。**お金の魅力に勝てる商品やサービスをつくらないと、お客さんは買ってくれませんよ」と。

新しいかばんを買おうかどうか、迷っている消費者の選択肢は「ルイ・ヴィトンか、エルメスか」とは限らない。むしろ多くの場合は「ルイ・ヴィトンか、お金を手元に残すか」なのです。

「大好きなお金をたくさん持っていれば、幸せになれるはず。だからお金はできるだけ手放したくない」――そんな価値観が「貯める」という行動を駆り立てています。

でも、みんながみんな、お金を手元に残すことを優先していったら、世の中はどうなるでしょうか。

経済のサイクルを回すきっかけとなるのは「消費」でしたね。だから、消費が行われないと、お金がめぐらず、経済の動きは鈍くなってしまう。つまり、世の中全体の幸せにはつながらないのです。

この30年に及ぶ不景気も、「お金は使わずに、手元に残しておきたい」と考える人たちの選択の結果だという見方もできるのです。

もちろん、お金との付き合い方は個人の自由ですから、「貯金が悪」と言いたいわけではありません。

ただ、選択肢はもっと広く持ったほうがいい。**なんとなく「貯めよう」ではなく、他の選択肢も知った上で、自分の意思で選べるようにしておくべき**なのです。

その「他の選択肢」の一つが「株式投資」です。

新しい商品をつくりたい。アイデアや技術や人はそろっている。でも、まとまったお金がない。

こんな会社が、銀行から融資を受けずにお金を用意する手段があります。「うちの会社の権利を『株式』として買ってくれませんか。儲かったら、ちゃんとお返しをしますと言ってお金を集めるのです。

もし君が「なるほど。この会社は期待できそうだ」と思って株式を買い、「株主」になると、株式の保有分に応じて会社に対する発言権を持つことができます。株式は英語で「share（シェア）」と言うのですが、shareとは、「分配する、分け与える」という意味です。

その会社が消費者に支持され、たくさん儲けることができれば、君が持つ株式の保有分に応じて利益が分配されたり、持っている株式の価値が上がったりして、君もその果実を得ることができるでしょう。

株式投資をすることは、企業を応援し、新しい社会をつくることに手を差し伸べ、明るい未来をつくっていこうとすることに他ならないのです。


ところが、日本ではなぜか、投資に「投機」のイメージを持っている人が少なくない。投機とは、ギャンブル、賭けのことです。

銀行にお金を預けると、通帳に預けた金額の数字が印字されるから、「お金はちゃんとここにあるな」とホッとできるけれど、株式投資に使ったお金は手元からなくなります。

いや、本当はなくなっているわけではなく、株式に形を変えて生き続けているのだけれど、一見、通帳から消えてなくなってしまったように見えるから「怖い」。そして、まるで株式市場という闘技場に自分の大事なお金を送り出して戦わせているかのように、株価の動きを見守ってハラハラドキドキ。

この不安感が嫌で、投資に積極的になれないという声はよく聞きます。

一方で、アメリカ人（だけでなく、日本人でも投資を健康的に楽しんでいる人たち）は、「たしかに現金は減ったが、その分だけ株式という資産は増えた」という認識で、穏やかに過ごしています。


知ってほしいのはその結果です。

１９９５年から２０１５年までの**20年間での家計金融資産の伸びは日本が１・54倍だったのに対し、アメリカは３・32倍になっています**（「平成28事務年度金融レポート」より）。

〝実体〟としてのお金が目の前になければ安心できないのか、お金が姿を変えても自分の資産と思えるのか。こういった意識の差が国全体の豊かさを決定づけているのです。

お金に対する心の構えを少し変えるだけで、将来の豊かさにも違いが出ます。

これを一つの事実として、これから社会に出る君に伝えておきたいと思います。

「借金」を恐れる前に考えたいこと

「お金を借りるのが怖い」というのも、日本人が貯金に偏りすぎる理由の一つだと思います。

人からお金を借りちゃいけないよ。

借金は人生をダメにするよ。

そんなふうに教わることは多いですよね。

たしかに、無計画に借金を膨らませたり、最初から返す気もなく踏み倒したりするのはダメです。

でも、借金が返せなくなったからといって、人生そのものがダメになるということはありません。

借金は、思ったよりも怖くない。なぜなら、日本には借金した人を立ち直らせてくれる救済制度が整っているからです。

例えば、「自己破産」という制度があります。破産と聞くとまるで人生が終わってしまうかのように感じるかもしれませんが、実はこの制度、「借金で首が回らなくなった個人を追い詰める」ためのものではありません。持っている財産は手放さなくてはなりませんが、それでも返しきれない分の借金はチャラにしてもらえます。つまり、借金をリセットして、社会的信用をまたイチから築き上げるスタートラインに立たせてくれる制度なのです。命や家族を取られるわけでもなく、また新しいチャレンジを始めることができる。

つまり、**僕らは「いつでも再挑戦できる環境」を保証されている**ということ。だから、過剰に借金を恐れて、挑戦をしなくなるほうがもったいない。

大事なのは、「何度でも再挑戦できる力」を鍛えておくことだと思います。

僕自身、もし今持っている資産を全部取られてゼロになったとしても、なんとか這い上がってもう一度立ち直れるだろうという自信があります。

お金がなくなって当面は生活に困るかもしれないけれど、これまでの経験で学んだ「お金を稼ぐ力」は消えないから、すぐに新しいことを始めると思います。

お金を稼ぐ力とは、世の中の流れを注意深く観察して、自分の価値を提供できるお客様を見つけて、仲間を集める力。

人生を守ってくれるのは資産だと思いがちで、預金通帳の金額が多ければ安心できると考える人は多いけれど、**本当に人生を守ってくれるのは、知恵であり、仲間であり、勇気です。**これらは、人生をいつでも立て直すために、お金よりもずっと、100倍も1000倍も大事なことなんだと君に伝えたい。

例えば、君が将来、突然、大病を患ってしまったとします。医療費を払うだけのお金が十分になかったとしても、「代わりに払っておいてあげるよ」と助けてくれる友達がいればいい。自分のためだけにお金を貯め込む人生より、頼り頼られる仲間がいる人生のほうがずっと豊かだと感じます。

借金はしすぎないに越したことはないけれど、借金による失敗を恐れ過ぎなくてもいいと覚えておいてください。

借金で失敗した後に立ち上がる力を磨くために、知識や経験、人との関わりを積み重ねていく。そんな備えをしておくほうが、人生をタフに歩めると思います。

僕自身、何度もピンチを味わってきましたし、僕が出会った魅力的な大人たちもみんな失敗や挫折からのサバイバーです。借金、裏切り、倒産、離婚。いろんな痛みを乗り越えている人ばかり。傷がない人はいないと断言してもいい。

世の中で活躍している大人たちはみんな無傷で完璧な人間のように見えるかもしれないけれど、そんなことはない。

みんな欠損だらけで、欠けたものをお互いに補い合いながら、どろどろになりながらもなんとか進んできた人たちなんです。

でも、そんな人生が苦しくて投げ出したいかというと全然違って、そんな人生を心から楽しんでいる。

もう一度言うけれど、お金の失敗は修正可能です。失敗を恐れて挑戦をする勇気を失うことのほうを恐れるべきなのです。

だから、君も失敗から何度でも立ち直れる大人へと育ってほしいと思います。

夢が先で、お金は後

もっとお金持ちの家に生まれたらよかったのに。

そんなふうに思ったことはないですか？

君の家もごく平均的な共働き家庭だから、欲しいものをすぐに買ってもらえる中学校の同級生のことをうらやむこともあるよね。

僕が大学生になって地方から上京したときには、お金持ちの都会っ子がかっこいい車に乗っていたり、その車で女の子をレストランに連れて行ったりしていて、コンプレックスを感じていました。

社会人になるスタート時点でお金をたくさん持っているかどうかで、その後の人生の成功にも大きく影響するんじゃないか。

そんな不安を抱えていたのです。

でも、現実にはそうではないと、今はハッキリと言えます。むしろ、「もともとお金持ちじゃないのに大成功を収めている人はたくさんいるぞ」と、当時の僕に教えてあげたいくらいです。

信じられないですか？　これは本当なんです。

例えば、前澤友作《まえざわゆうさく》さんという人がいます。ファッションECサイト「ZOZOTOWN（ゾゾタウン）」を展開するZOZOを創業して急成長させた人です。

前澤さんは2019年にはZOZOをソフトバンクグループのヤフーに売却して約1000億円の資産を得ました。今は、そのお金を元手に新たなチャレンジを始めていて、宇宙旅行の夢も実現しようとしています。1000億円が一度に銀行口座に入るなんて、どれだけ長い桁数になるのでしょうね。

前澤さんのことを昔から大金持ちだと思っている人は多いかもしれませんが、実は彼は貧乏だった時代がとても長かったのです。

決して裕福とは言えない子ども時代を過ごした彼は、ミュージシャンを目指していましたが、なかなか芽が出ませんでした。

今はCDを買う人も少なくなってしまったけれど、少し前までは、音楽を聴きたいときはCDを買うのが一般的でした。

前澤さんも自作の音楽をCDに録音して売ろうとしたけれど、思うように売れなかったそうです。

そこで、絵を描くのも好きだった前澤さんは、新しいCDを制作する費用を稼ぐために、自分で描いた絵をデザインしたTシャツを制作、販売することに。それが「ZOZOTOWN」のルーツとなったというストーリーです。

どうしても好きな音楽を続けたいという夢が、貪欲にお金を稼ぐ行動力に結びついていったのですね。


前澤さんだけでなく、**世の中で大成功を収めた人たちに共通するのは、「お金よりも夢を先に持っていた」ということ。**「この夢をなんとか叶えたい」と強く望む気持ちが努力を生んで、「そんなに熱心な君を応援したい」という人も集まってくる。その結果として、お金も集まってくる。

お金があるから夢が叶うのではなくて、夢があるからお金が集まる。夢が先で、お金は後。この順番なんだってことを、ぜひ覚えておいてほしい。

「信用」が紙切れをお札に変える

話は変わりますが、僕は長らくカンボジアで学校をつくるプロジェクトに参加してきました。

国にはそれぞれに通貨があります。日本なら円、アメリカならドル、中国は中国元、さて、カンボジアの通貨は？　パッと答えられる人はなかなかいないと思います。答えは「リエル」。

しかしながら、このリエル、カンボジアの通貨として認められているはずなのに、現地であまり使われておらず、代わりにアメリカドルが使われています。理由は、リエルに「信用」がないから。

先進国と比べて政局が不安定で、リエルがいつ暴落するかわからないという信用のなさが、他国の通貨が流通するという現実を生んでいるわけです。

カンボジアでは役人や警察が賄賂《わいろ》を受け取る不正も横行しているのですが、その賄賂で求められるのもアメリカドルだそうです。

1万円札には1万円分の価値があり、5千円札には5千円分の価値がある、という共通認識が社会の当たり前になっている僕たちには、信じがたいことですよね。

君の持っているお札を、まじまじと眺めてみてください。きれいな印刷がされているとはいえ、ただの紙切れです。

材料費や印刷費を合わせても1万円札1枚をつくるコストは20円程度です。本当は20円分でしかない紙切れに1万円分の価値があると認められているのはどうしてか。

それは日本という国家が信用されているからに他なりません。

北海道から沖縄まで、隅々まで統治されていて（いろいろな問題はありますが、ここでは省きます）、何か問題が起きたらすぐに警察がかけつけて、犯罪者は罰せられる。そんな**統治機能が正常に働く国家として、みんなが信用しているから、日本のお金には価値がある**のです。

通貨の信用は、その時代の国力を色濃く反映します。
今の時代であれば、ドル、ユーロ、円が世界三大通貨として取引されていますが、それは世界的にもアメリカ、ヨーロッパ（EU圏）、日本の国力が安定していて「信用できる」と見なされているからです。

加えて、最近では中国元のパワーも増してきました。それだけ中国の政治的・経済的な影響力が強くなってきたということです。

僕が日本と中国の学生の国際交流団体「日中学生会議」のメンバーとして中国を訪れた30年ほど前は、中国元よりもアメリカドルが流通していましたから、ずいぶんと情勢は変わってきました。

通貨のパワーバランスは、その時代の国際競争力を表す鑑《かがみ》なのです。

日本の円の信用ももともと高かったわけではありません。

戦後の復興を必死に成し遂げた先人たちの努力によって、日本の国力は安定して、国際的にも「先進国の一員」として認められるまでになったのです。

もっと言うと、**「円」という通貨の歴史は浅く、通貨自体もちゃんと世の中に「お金」として流通するようになったのは明治時代以降のこと**です。

「え？　大和時代にはすでに通貨があったんじゃないの？」と疑問に思った人もいるでしょう。当たりです。そう、この章の最初のほうに書いた「富本銭」のことですね。ただ、この富本銭、実際にはほとんどかざりとして使われていたそうで、その後に登場する「和同開珎《わどうかいちん》」も大和政権の勢力が及ぶ範囲の地域でしか流通していなかったと言われています。

しかし、この間にも「お金」の機能によって社会は発展していました。では、何が通貨に代わる「お金」となったのか？

僕は歴史が好きで、『ビジネスに役立つ「商売の日本史」講義』（ＰＨＰビジネス新書）という本も書いたくらいです。せっかくだから、日本のお金の歴史について、ちょっとユニークな視点からお話ししてみましょう。

日本のお金は「米」だった!?

日本で長らく「お金」として貨幣代わりに使われていたもの、それは「お米」でした。オカネとオコメ、なんだか音の感じも似ていますね。

なぜ米だったのか。それは、日本列島特有の風土と深く関係しています。

山と海に囲まれ、湿気の多い季節風が吹く日本では、広い地域で米の栽培が可能でした。収穫した米は保存性に優れて持ち運びもでき、品質のばらつきも少なく、安定した食糧源でした。日本では食糧の供給が安定しない時代が長く続いたので、最終的には「食べられる」という点も非常に大きな価値だったのです。**交換価値のある「お金」として、米は取引されるようになり、米がたくさん取れる地域の権力者が豊かになっていった**というわけです。

米の他に、もう一つ流通していたのは、海を隔てて隣にある中国のお金でした。当時の中国は先進国であり、そこで流通する貨幣は日本の通貨よりもずっと信用されていたわけです。

例えば、平清盛《たいらのきよもり》が名を馳《は》せた時代、源平合戦のときの平家の財源は、独自の日宋貿易で得ていた「宋銭」でした。平家は信用力のある中国のお金を使って、兵力を増強していったのです。

時の政府が発行する通貨よりも米のほうがお金として機能するという時代は長く続きました。さらに、米を使った発酵技術で保存性を高めた商品をつくった人たちが権力を握っていきました。それが酒屋です。

お酒は米を発酵させてつくられることを知っていましたか？　この発酵技術も、日本の風土によってもたらされる日本特有の「麹菌《こうじきん》」による恵みでした。まさに「菌（きん）が金（きん）を呼ぶ」。

お酒をつくるには、たくさんの米が必要です。米を大量に使って、付加価値をつける。日本においてこれができるのは豊かさの象徴です。同じように、米の発酵を利用してつくられるみそを売っていたみそ屋も発展しました。

やがて、酒屋とみそ屋はその財力を使って、貸金業を始めるようになりました。要は、米を貸す。何か新しい商売を始めたい人に米を貸し、利子をつけて米で返してもらう。今で言う銀行のような金融業を始めていたのです。同時期に、米や酒を保管する専門倉庫業である「土倉《どそう》」も活躍しました。

「地頭《じとう》」や「守護《しゅご》」のような政府が決めた制度上の支配者もいましたが、実質的には隅々まで支配できているわけではなく、やはりお金を持っている人のパワーが強かったのです。

そのお金とは、米であり、酒であり、みそだった。そして、それらを持つ人が誰にお金を貸すかという判断が、政治の動向にも強く影響します。

例えば、源氏と平家の戦いにおいても、戦を有利に進めるには、武器を調達するための費用や食料など、補給援護が要《かなめ》になります。戦力をサポートする重大な役割を担っていたのが、酒屋・みそ屋・倉庫屋。「勝てる」と見込みのある勢力を支援する、言わば投資家のような存在だったんですね。

教科書に書かれている日本史は、平家と源氏のどっちが勝ったかという「武士の歴史」だけれど、視点を変えたら「商人の歴史」になる。

歴史の物語は「誰を主人公にして書くか」によって、見え方がまったく変わってきます。**武士ではなく商人を主人公にしてみたら、「お金」を軸にしたストーリーになる**んですね。

この後も、商人が握る「お金」の運命が、政権交代の決定打になるような出来事が次々と起こっていくのです。

鎌倉から室町時代の間に台頭したのは「寺」です。

寺は地域の信徒（檀家《だんか》）からいろいろなものを徴収して財力を備え、お金を貸し付けるようになりました。その利子は比較的低く、5％から10％程度だったそうです。

一方、酒屋や土倉は15％から30％とかなり高め。当時は夜逃げがよく起きていたらしく、高い金利で貸さないと割に合わなかったという事情です。

寺がどうして低めの金利にできたかというと、貸し倒れのリスクが比較的低かったからです。「返さなければ地獄に落ちるぞ」と脅すこともできたでしょうし、「僧兵」という回収専門の軍人を雇っていました。あの有名な「弁慶《べんけい》」も僧兵でした。

政権が動くときには、必ずお金が関係します。

鎌倉幕府が倒れるきっかけになったのも、実は貸金業者に関わるトラブルでした。歴史が好きな君なら、「徳政令」という用語を知っていると思います。これは鎌倉時代に発令された、貸金業者に「債権放棄」を命じる法令です。つまり、「借金を帳消しにしてあげなさい」という命令。

なぜそんなことが起きたかというと、困窮した武士たちを助けるためです。当時、モンゴルから攻めかけられた北九州を警備するため、幕府はたくさんの武士を送り、武器も調達したのですが、その資金は自力では集められず、武士が酒屋・みそ屋・土倉・寺といった貸金業者から多額の借金をすることになったのです。

果たしてモンゴル軍を追い払うことはできたのですが、その後に残った借金を返せずに困窮した武士たちから不満の声が止まらなくなったんですね。

そこで、幕府がとった政策が「借金帳消し」。貸したほうからすると、たまりませんよね。怒った貸金業者たちは「もう武士にはお金を貸さない」と決め込み、それによってますます武士は困窮してしまった。

結果、武士もそろって「鎌倉幕府打倒！」に向けて動き出し、足利氏《あしかがし》の台頭、室町幕府の誕生という流れにつながっていくわけです。


さらにその後も、お金で歴史は動いていきました。

200年続いた江戸時代が明治維新によって幕を閉じるときも、大きなお金が動きました。江戸幕府か、薩長同盟か（薩長同盟は、坂本龍馬《さかもとりょうま》の仲介によって結ばれた薩摩藩・長州藩のチームです）。すなわち、現政権か、新興勢力か。

両者それぞれには、お金を出した支援者がいました。この頃、貸金業者は「両替商《りょうがえしょう》」と呼ばれ、米に代わって貨幣での取引がメインになっていました。

経緯は省きますが、最終的に勝利を手にしたのは薩長でした。今でいうベンチャーに投資した人たちが勝ったのです。

新政府は「廃藩置県《はいはんちけん》」、それまでの藩制をやめて県に変え、侍出身の大名に政治の世界から降りてもらうという大改革を実行します。

猛烈な反発が予想されたはずですが、この時もとられた施策は「借金帳消し」。大名が抱えていた借金を全部なかったことにする、という条件で不満をなだめたのです。

これによって、大名専用の両替商（大名貸）が多かった大坂（当時は、大阪ではなく「大坂」と書きました）では自殺者が激増し、道頓堀の水が真っ赤になったと伝えられています。

世の中が大きく動くときには、お金も激動する。

そして、それによって運命が一変する人たちがいたのだと「商人の歴史」は教えてくれます。

「暗号通貨」は僕らの世界を変えるのか？

お金の姿と形は時代によって変わるし、信用される度合いも変化するのだという話をしてきました。

では、これから先、10年後、20年後のお金はどう変わっていくのでしょう。

「ミライのお金」について想像したことがありますか？

ここ数百年ほどで、紙幣と硬貨が「お金」の役割を果たし、広く使われるようになりました。

特に印刷技術が進化して偽札を偽造されるリスクが少なくなってからは、その信用度は高まりました。「持ち運びしやすい」という利点も大きかったのでしょう。

しかし、この貨幣の信用も絶対ではありません。特に不況が続いてお金の流通量が減ると、政府は貨幣をたくさん発行して一時的に景気を上げようという策に出ます。

例えば、リーマン・ショックや新型コロナウイルス危機のときに、世界的にそういった金融緩和策がとられました。

するとお金が増え過ぎることで、今度はお金の価値が下がり、それが行き過ぎると通貨自体の信用も下がってしまう。

一方、最近注目されるようになったのは、**貨幣の代わりになる新しいお金、「暗号通貨」**です。

暗号通貨とは、インターネットの暗号化技術を使って、電子データのやりとりだけで取引される通貨のこと。

すでにたくさん種類が開発されていますが、老舗《しにせ》のところでは「ビットコイン」や「イーサリアム」などが有名です。一時はギャンブル的な投資の対象になって乱高下が起きましたが、段々と取引も安定してきました。

この**暗号通貨のすごいところは、「持ち主が完璧に特定できる」という点**です。

よく考えてみれば、普段使っている硬貨や紙幣は、「今持っている持ち主のものである」という証明はほぼできません。

君の財布に入っている千円札。あれは本当に君のもの？　それを君はどうやったら証明できるでしょうか。

僕も自分の財布の中身を自分のものだと証明することは難しい。たしかに昨日の朝、駅前のＡＴＭで下ろしたのは間違いないのだけれど、「道端で拾ったお金ではありません」と言える証拠はどこにもない。

ATMの防犯カメラの映像と一致させるか、ATMから出てきたお札1枚1枚の番号を写真で撮っておく？　全部に「藤野英人」と名前を書く？　現実的ではありませんよね。

そう考えると、硬貨や紙幣は、持ち主を証明するのが難しい、実に不安定なお金なんだと気づかされます。

ATMでお金を下ろした瞬間に強盗に襲われるような治安の悪い国だと、貨幣制度は成り立ちません。硬貨や紙幣は「平和であること」が絶対条件のお金だと言ってもいい。そういう意味で、先進国が発行する通貨は有利に信用を集めやすい（すなわちパワーを集めやすい）のです。

その点、暗号通貨は強奪される心配もありません。

すべての取引がデータ化され、保有者や利用者の記録が個人情報と結びついて保管されるので、不正や犯罪が極めて起こりづらくなると言われています。

「暗号通貨は見えないから怖い」というイメージを持つ人が多いようですが、実は今の硬貨や紙幣のほうがずっと怖いものなのかもしれません。

ただし、暗号通貨にも課題はあって、安心して利用するためには、安定的な電力供給に基づくインターネット環境が普及することが絶対条件になります。

また、「暗号が絶対に破られない」という信頼を得るだけの技術の進歩もまだまだ必要でしょう。

ここから先、暗号通貨が新たな通貨として世界を支配するのかどうかは、僕にもわかりません。わからないけれども、**暗号通貨はすでに無視できない存在になっている**ことは確実です。

仮に暗号通貨がどんどん普及していったとして、世の中はどう変わっていくか。とても大きな変化が起きるはずです。

インターネットは軽々と国境を越えるので、暗号通貨の発行体は国家ではなくなります。歴史が教えてくれるように、「通貨を発行する力」は、軍事力や政治力に並ぶ、国家権力の象徴であり、国際的なパワーバランスと連動するものでした。

「信用」の単位が国の枠組みを超えたときに、どんな歴史が生まれるのか。

その未来は、きっと君たちがつくる未来です。

どんな「お金」を使って、どんな未来をつくりたいか。これまでの常識にとらわれることなく、自由に発想を楽しんでみてほしいと思います。

第 2 章

「使う」こと

「僕らの使い方」が社会の景色を決めていく

人間の本音は〝買う〟に表れる

お金ってどんなものか、なんとなくイメージができたところで、次に「お金の使い方」について、考えてみましょう。

「お金を使う」という経験、君も数え切れないほどしてきたはずです。

では、お金を使うと何が起こるでしょう？

財布の中身が減る。正解。

欲しいものが手に入る。それも正解。

他にはありますか？

もっと大事なことがあります。

それは、「未来を創る」ということ。そんな大げさなことをしているつもりはないぞ、とびっくりしましたか？

いや、たしかにこれは事実なのです。**お金を使う、すなわち「買う」という行為には必ずその人の〝意思〟が伴います。**

例えば君がお母さんかお父さんにお願いして、新しい靴を買ってもらったとします。「どこに買いに行く？」と聞かれて、お気に入りのメーカーの靴が置いてある駅前の靴屋さんがいいと伝えて、連れて行ってもらった。

そこにズラリと並ぶたくさんの商品の中に、お目当ての靴を発見。少し前に、あこがれのスポーツ選手が履いているのを見たばかり。お店の一番目立つところにある最新モデルではないけれど、とにかくデザインがかっこいい。しかも、部活で仲のいい友達もこれの色違いを買うと言っていたから、おそろいになって盛り上がりそうだ。お父さんから「一番新しいやつじゃなくていいのか？」と聞かれたけれど、「これがいい」と言って買ってもらった。

この一連の買い物を振り返ってもわかるとおり、1足の靴を買うに至るまでには、明確な君の意思が何度も働いています。

どこで買うか？　何を買うか？　お店やメーカーがイチオシのものを選ぶとは限らないでしょう。君なりのこだわりがどんどん出てくるはずです。

それも一生懸命頑張ってこだわりを引っ張り出しているわけでもなく、勝手に出てくる感覚だと思います。

なぜなら、「買う」という行為には、ナチュラルにその人の本音を引き出す魔法があるからです。

ある人は言いました。**「人間の本音は〝売るもの〟ではなく、〝買うもの〟に表れる」**と。たしかに、会社で働いている大人たちが自社で売っている商品のすべてを本気で好きかは疑わしいけれど、自分のお金で買うものに関しては「欲しいから買っている」という事実は揺るぎないはずです。

いくら細かい上司でも、「君は今日からランチにからあげ弁当を買ってはいけない。

週に3日は焼きそばを買いなさい」なんて買うものまで強制することはないでしょう。**コンビニに立ち寄って、何気なく手にしたそのペットボトル。それが君自身の〝意思〟そのものです。**好きなものは買うが、嫌いなものは買わない。ピュアな「好き嫌い」が表れる行動、それが買い物なのです。

買い物は一番身近で簡単な「生き方の主張」なのです。

そして、前章にも書いたように、誰かの消費は誰かの売り上げになる。間接的にその会社を応援し、結果的にその会社の成長につながる。

つまり、「未来の風景を変える」という結果に少なからず影響しています。

君の街にあるかもしれないユニクロやマクドナルドも、自然と地面から生えたわけではありません。

国が「そこに建てなさい」と指示してできたわけでもありません。

僕ら消費者が選び、買い、着て、食べる行動によって、そのお店を応援してきたから、そこにあるのです。

君が手にしている千円札は、〝未来をつくる投票券〟です。

大げさに感じるかもしれないけれど、事実としてそう。

国や地方自治体の選挙で投票できるのは18歳からだけれど、14歳の君だって、実はとっくに投票活動をしているのです。

「こんな未来になったらいいな」と描くイメージがあったとしたら、そのイメージに近づきそうな商品やサービスを選ぶようにしてください。

1日1回の買い物でも、1年で365回。10年で3650回。君が大人になって、結婚して、子どもを育てるまでには、何万回と買い物をしているでしょう。その積み重ねのすべてが「未来への投票」です。

また、たとえお金を使わなくても、SNSで「いいね」を押すだけでも、その企業の応援になります。

君はもう立派に、社会を動かす市民になっているのだから、堂々と自分がつくりたい未来に向けて投票をしてほしいと思います。

「ちゃんと決めて買う」ことで意思表示をする

ここまでに何度かお伝えしてきたように、買うことに「年齢制限」はありません。僕たちは誰でも等しく、社会を変えられる力を三つ持っています。

一つ目は、選挙。男性も女性もそのほかの性別の人も、お金を持っている人もそうでもない人も、誰でも等しく1人1票。政治家を決める権利を持っています。

二つ目は、消費。これまでお話ししてきたように、買う行動を通じて、「好き・嫌い」の意思表示ができます。

三つ目は、投資。投資は何もギャンブルではなく、株式市場を通じて、応援したい会社を選んで成長を見守る行動です。後で僕の仕事を説明するときに詳しく話すけれど、投資も個人が社会を変えられる行動の一つです。

さてこの三つのうち、選挙は一定の年齢規定があるけれど、消費と投資は0歳からいつでも始められます（子どもも、保護者が未成年の子どもの名義で口座を開設するなどして投資に参加することはできます）。とりわけ、消費は誰でも気軽に今すぐできる行動です。

つまり、14歳の君は、すでに社会を変える行動ができるし、これまでずっとやってきた、ということ。君がこれまで自分で選んで買ってきたものすべてが君の意思表示の集合体です。部屋の中にあるもの、全部がそうです。

老若男女すべての人にとって、「何を買うか」に意思は宿るのです。

そして、ここから先がさらに重要なのですが、その意思は確実に未来に影響します。

最近、僕が会ってお話しした人で、ヤマザキOKコンピュータ、通称ヤマコンさんという1988年生まれの投資家がいます。

彼は社会問題について書いて発信する文筆家であり、バンド活動やグラフィックアートの活動もするアーティストでもある。

彼は『くそつまらない未来を変えられるかもしれない投資の話』（タバブックス）という本の中で、「今の世の中がくそつまらなく見えるのは、自分たちの消費の結果でしかない」と言っています。

大量消費前提で同じようなものが街に溢れていて、つまらないと批判する。でも、その街の風景をつくったのは、それを買っている自分たちではないか？

ヤマコンさんの投げかけは、実に的を射ています。**お金は「使って終わるもの」ではなく、むしろ「使うことから始まるもの」**なのです。

なんだか、オオゴトのように感じてしまったかもしれませんが、別に気負う必要はありません。

君はこれまでと同じように、好きなものを買い続ければいい。

ただし、そこにちょっとだけ「意思をめぐらす」という意識を持ってほしいのです。

それが本当に欲しいのか？　なぜあっちじゃなくてこっちなのか？　考えてからレジに持っていく。**「なんとなく買う」のではなく、ちゃんと自分で決めて買う。**その行動を繰り返すだけで、君が好きな未来が近づいていきます。

現金ではなく、電子マネーで買い物をすることが多いのなら、時々「履歴」をチェックしてみるのもおすすめです。

この1カ月間で自分が買ったものを振り返ってみると、案外、「あれ？　なんでこんなもの買ったんだっけ？」と無意識の行動が見えてきたりもします。

そして、そのうち感じると思います。

自分の周りの生活のうち、自分の意思で決められるものは、思っていたよりも多いのかもしれないと。

食べるもの、着るもの、学校に持っていくもの。元手となるお金を自分で稼ぐことはまだできないかもしれないけれど、「何を買うかを選ぶ」という意思決定に参加できるチャンスはたくさんあります。

君の部屋にあるものと友達の部屋にあるものが全然違うように、人の数だけ、選択の方法は違う。

自分の人生と未来を自分自身で決めるという場面が、日常には無数にあるということです。

今その場面に立っていると気づいたら、君の意思をめぐらせてみましょう。

自分たちの「消費」が「社会の景色」を決めていく

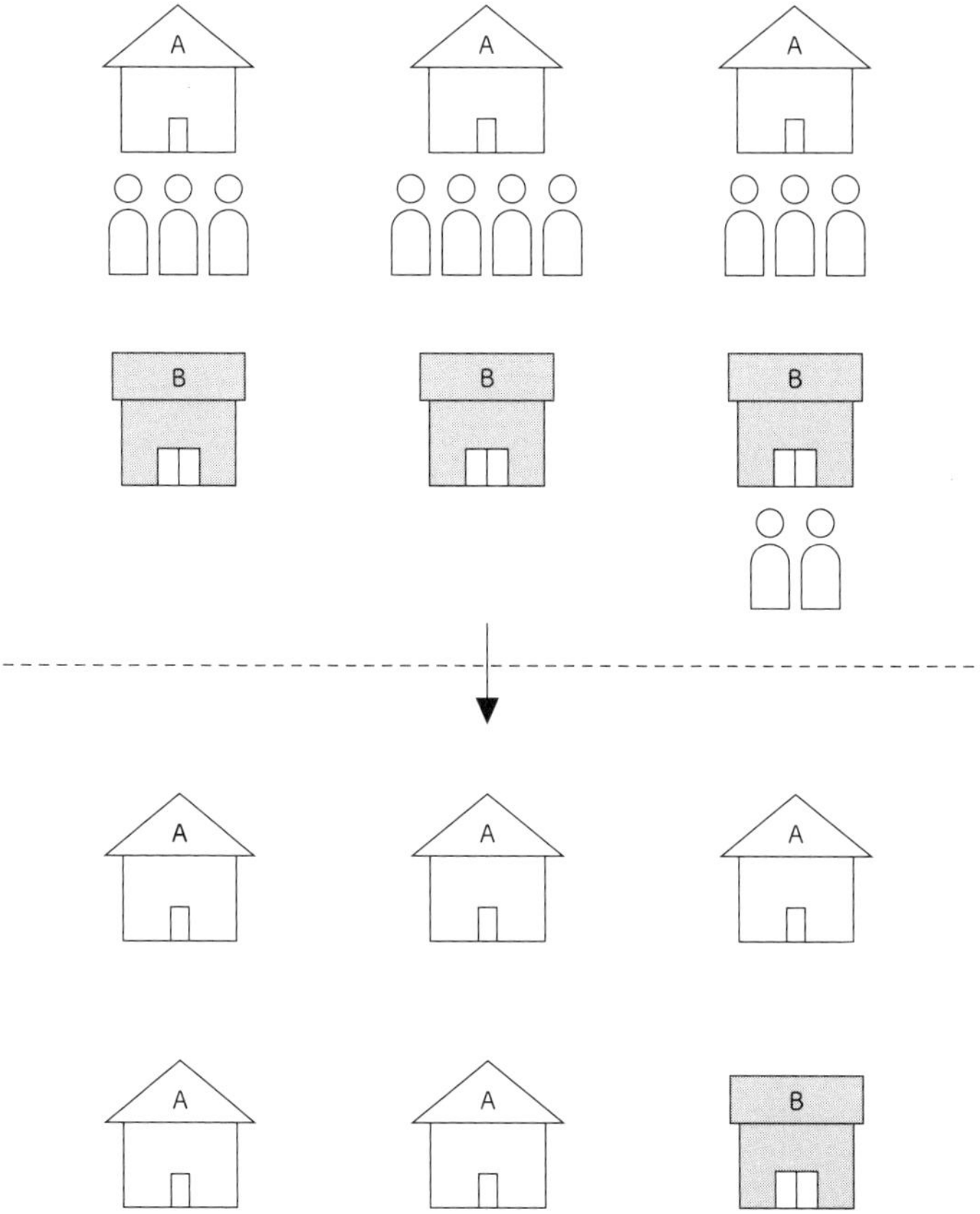

僕は「つながり」にお金を使う

では、僕自身は今、何にお金を使っているのか？

会社の社長をしていると言うと、「豪華な家や車にお金をかけているんでしょう」と思われがちですが、実はそういったものへの執着はそれほど強くありません。

今、僕が一番お金を使っている対象は「つながり」です。


家族とのつながり。

会社の仲間とのつながり。

友人とのつながり。

地域とのつながり。

自分の心や体とのつながり。

この1年を振り返って、大きな買い物だったなあと思い出すことの一つが、自宅の庭をアウトドアガーデンに改修する工事をお願いしたことでした。

キッチンとつながる窓の外にひさしをつけて、床に石を敷き詰めて。雨の日でもアウトドア感覚で、家族や友人とバーベキューを楽しんだり、サンドイッチをほおばったりできるスペースをつくったのです。

こういうスペースをつくったのは、これまで以上に家族との時間を豊かに楽しめそうだし、お客さんも呼んでゆっくりと会話を味わえる時間をつくれそうだと考えたから。あれこれプランを描きながら少しずつ改修をするのも、ワクワクする時間でした。

ちなみに、僕の家は神奈川県の逗子《ずし》市にあります。海と山に囲まれ、陽光と穏やかな風に恵まれた、空気もきれいな地域です。

とてもお気に入りのわが町ですが、実は1年前までは東京の高層マンションに住んでいました。

マンションの中には好きなピアノを運び込んだり、景色のいい部屋を選んだりしていて、それなりに満足できる生活を送っていました。ところが、2020年の春を境に、僕の人生のデザインが根本から変わったのです。

きっかけは全世界を襲った新型コロナウイルスでした。

僕が社長をやっている会社、レオス・キャピタルワークスでは、働き方のルールを原則在宅勤務に変えて、僕自身もオフィスに行かずに自宅で仕事をする日々に。これは大きな大きな変化でした。

そして、気づいたのです。これまでの生活はすべて「東京にあるオフィスで毎日働き、東京に暮らす」という一つの〝型〟を前提にしていたんだと。その型の中での幸せの最大化を目指していたのだと。

型はたった一つじゃない。いろんな選択肢があっていい。

そう考えた結果、暮らしの拠点を自然豊かで明るいエネルギーが溢れる場所へと移してみようという新しいアイディアが浮かんだのです。

引っ越しをした後には、新たな家族として犬を2匹迎えました。名前は「だんご」

と「おもち」です。愛くるしい2匹は、家族に笑いと安らぎをもたらしてくれました。

新しい町に引っ越したり、住まいに合わせて家具をそろえたりするのには、結構なお金がかかります。でも、僕は積極的な自分の意思として「新しい暮らしのデザイン」にお金を使おうと決めたのです。

そして、この新しい暮らしの目的はやはり、「家族や仲間とのつながりを深めたい」というものでした。


在宅勤務で家にいる時間が激増したので、日常の中の楽しみとして「食」にもお金をかけるようになりました。

と言っても、野菜は家庭菜園で育て、パンはホームベーカリーマシンで焼くというものなので、年間何百回も会食目的の外食をしていた頃と比べたら、全然お金はかかっていません。

野菜の苗や園芸用の土、肥料にこれほど出費したのも人生で初めてでした。

お金の使い方の変化は、そのまま「人生の変化」なのだと実感しています。

同時に、周りを見渡してみたときに、いわゆる**「成功者」と呼ばれる人たちの「お金の使い方」が変わってきている**ことにも気づきました。

僕は投資家という仕事柄、超がつくほどの大金持ちの社長さんとも交流があります。彼・彼女たちのお金の使い道の象徴といえば、10年前には「都心の一等地の豪邸」や「豪華な専用クルーズ」の所有でした。

ところが、インターネットの発達により、「いつでもどこでも仕事ができる」という新しい前提が広がる中で、都心から離れた郊外に土地を買って、広い家に住み、都会にはない時間の流れや交流を楽しむ人たちが増えてきたのです。

ヤフー社長兼Zホールディングス社長の川邊健太郎《かわべけんたろう》さんは、房総半島の海辺にカントリー調の家を建てて、動物たちと戯《たわむ》れながら暮らす生活を始めました。

都会のように充実したインフラがない分、不便もあり、ある意味「非合理性」を追求した生活なのかもしれませんが、緊急会議にはヘリコプターを飛ばして参加するという「合理性」も兼ね備えたハイブリッドライフです。

川邊さんの枠にとらわれない自由な発想力に、僕も刺激をもらいました。

「つながり」のほか、お金をかけているのは「自分磨き」です。

英語を勉強したり、本を読んだり、トレーニングマシンの上に乗って歩いたり走ったり。自分の心と体を磨くための時間とお金は、この1年でとても増えました。

ただ、この自分磨きも「なんのためにやっているか？」と突き詰めて考えると、「つながりをつくるため」だと思います。

英語を勉強すれば、たくさんの人とコミュニケーションが取れるようになる。本を読んでいろんな知識をつければ、会話が楽しくなる。定期的な運動で健康を維持すれば、いつまでも人に会いに行ける。こうした目的意識の元、楽しみながら続けています。

「人間」という字が表すように、人は〝人との間〟にいろいろなものを生み出す中で、その生涯を満たしていく生き物です。

長い人生を、人とつながり、つながりから豊かさを生み出せるように。

僕は意思をめぐらせながら、つながりにお金を使っています。

「寄付」は困った人も"自分自身"も助ける

お金の使い方として、「寄付」という選択を考える人も増えています。

君は「寄付」と言うとどういうものを思い浮かべますか？

駅前などの街頭で「募金のご協力よろしくお願いします」と呼びかける人たちを見たことはきっとあるでしょう。コンビニのレジの横に募金箱が置いてあることもありますよね。

最近はインターネットを通じて、寄付活動をする団体も増えました。２０２０年に新型コロナウイルスの影響で社会の状況が激変したときには、収入が途絶えてしまった人たちや、マスクなどの物資不足に困る医療関係者のために、たくさんの寄付プロジェクトが立ち上がりました。

君のお父さんやお母さん、あるいは君自身も寄付に参加したことがあるかもしれません。素晴らしいことだと思います。

僕が寄付を「素晴らしい」と考えるのは、困った人を助ける行動だからというだけではありません。

寄付は、社会全体の経済を活性化する行動でもあるのです。さらにいえば、その循環は、まわり回って自分自身を助けてくれます。

そう、君が寄付したお金は、実は君のお財布の中に返ってくる。場合によっては、寄付した金額以上になって返ってきます。

寄付は自分のお金を誰かにあげる行動なのだから、お金は減るだけなのでは？

そう感じたかもしれません。では、わかりやすい例を紹介しましょう。

NPO法人グッドネーバーズ・ジャパンが2017年に始めた「グッドごはん」というプロジェクトがあります。

これは、困窮するひとり親家庭に向けて、食品を定期的に届ける活動です。個人や企業、学校などの団体から集めたお金や食品が、食費を十分に払えない家庭に届き、家族の健康を守るために役立てられています。

この活動の様子を報告する動画を僕は見たのですが、そこには「これまで食材を買うので精一杯だったけれど、食品の提供を受けられたことで、子どもにゲーム機を買ってあげられた」という声が紹介されていました。また、ホームページには「娘に暖かいコートを買いました」というコメントも掲載されています。

つまり、**誰かが誰かに行う寄付によって、ゲーム機やコートを買うという〝消費〟が新たに生まれた**のです。

その消費は、やがてゲーム機やコートをつくる会社、売る会社で働く人たちの給料になります。その給料を受け取った人たちがまた、何かを買い、そのお金がまた誰かの給料になり、世の中全体を潤していく。

このサイクルの起点の一つになっているのが「寄付」。そう、昨日、君がコンビニの募金箱に入れた10円なのかもしれないのです。そして、まわり回って、君のお父さんやお母さんの給料にもなって、君のお小遣いとして返ってくる。

面白いでしょう。お金はまるでドミノ倒しのように次から次へと誰かの生活に影響していくのです。

NHKで放送されている「ピタゴラスイッチ」という番組があります。軽快な音楽とともに、わずかな運動エネルギーをきっかけに様々な仕掛けが順番に動き、最後は「ピ」の旗が上がる。僕はあれを見るたびに、「お金の循環と一緒だなあ」とワクワクするのです。

AがBを倒し、BがCを回転させ、CがDを転がして、最終的にZになる。途中はどうつながっているのかがよく見えない場合も多いのだけれど、実は全部ちゃんと連鎖構造になっている。

僕たちはこのつながりの連鎖によって、お互いを助け合うことができるのです。

「自助・共助・公助」という言葉を聞いたことはありますか?

一番目の自助とは、個人が自分で自分を助けること。困ったときには、まずは自分でなんとかしようと頑張ってみる。これは、ファーストステップとして持っておきたい心構えですね。

三番目の公助とは、国や公的機関が個人を助けること。お金がなくなって困ったときに、国の補助があると安心ですね。でも、皆が皆、国のお財布を頼ったらどうなるでしょう。国のお財布の財源は税金です。日本は高齢化社会にすでに突入していて、働く世代が減っているので財源にゆとりがあるわけではありません。

そこで、重要になるのが二番目の共助です。民間の力での助け合い。ゆとりのある個人や企業が、困っている人や企業を助けていく。**この共助の循環をいかに活性化していけるかどうかに、日本の未来はかかっている**と僕は考えています。

共助の例の一つが、毎日の買い物であり、寄付であり、投資というアクションでもあるのです。

僕が経営するレオス・キャピタルワークスでも、寄付の流れを促進する貢献ができないかと考え、今まさにプロジェクトが立ち上がったところです。

僕がやろうと旗を振ったわけではなくて、一緒に働く仲間たちから、アイディアの提案が上がってきたことはとてもうれしいことでした。

社会全体が苦しい状況になったとき、きっと僕たちは試されているのだと思います。お金を誰のためにどう使い、どう回していくのか。その先にどんな未来をつくれるのか。

君もまた、その輪の中に入っている一員なのです。

「応援」という使い方もある

消費は生き方の選択であり、自己表現です。

つまり、何にお金を使うかで、その人がどんな存在として周りに伝わるかも変わってきます。

車にお金を使う人は、車好きな人だとわかるし、車を所有することよりも年に一度の海外旅行にお金を使う人は、「旅好きな人」と知られていく。

お金の使い道だけで全人格がわかるとまでは言えないけれど、少なくともその人の価値観が表れてきます。

だから、**素敵なお金の使い方をしている大人を見つけたら、じっくり観察してみる**のもいいと思います。

例えば、先ほど僕の使い方について少しお話ししましたが、僕は稼いだお金をどんどん寄付にも使っていきたいと思っています。

定期的に寄付を続けている団体の一つが、「D×P（ディーピー）」という認定NPO法人で、ここは定時制・通信制の学校に通っている高校生を支援しています。

平和で豊かに見える日本にも、さまざまな事情で全日制高校に通えない子どもがたくさんいます。2019年時点で、定時制・通信制に通う子供たちは約28万人います。家庭の経済状況が厳しい、なんらかの障害を持っているといった理由から十分な教育を受けられないという不幸をなくしたい。そんな団体の活動理念に共感して、僕も寄付を通じて支援することにしたのです。

政府からの公的サポートはあったとしても、それが隅々まで行き届いているとは限らない。だから、民間で何か行動を起こしている人がいたら、その人たちの応援を通じて互助（＝お互いに助け合う）を広げる貢献をしたい。そんな気持ちで僕は寄付にお金を使っています。

もちろん、たまにご馳走を食べに行ったり、興味が向くままに遊んでみたりと、僕は自分が好きなことにも思い切りお金を使っています（この間は、石窯ピザメーカーを買って、初めてのピザづくりにチャレンジしてみました。なかなかおいしくできて、とても満たされた気持ちになりました）。

そういった**消費の一つの選択肢として、寄付のような〝誰かの応援のために〟お金を使う行動は心地いい**と感じています。

すでに最近の若い世代は、「欲しいものは特にない。自分のためより、好きで応援したい人のためにお金を使いたい」という人が増えているようです。

都内在住の中学3年生、ちかこさんも「応援消費」に興味津々でした。ちかこさんは、東京大学の卒業生・在学生で構成されたクイズを題材にしたメディア集団、QuizKnock（クイズノック）の大ファンなのだとか。

「QuizKnockのライブ配信で、スーパーチャット（YouTube上の「投げ銭システム」）でお金を使ってみたいな」と目を輝かせながら話をしてくれました。

好きなタレントやアーティストに直接お金をプレゼントできるインターネット上の投げ銭もまた、応援という消費の仕組み。

また、とても近い発想で、誰かの夢の実現を支援する「クラウドファンディング」

という方法もよく目にするようになりました。

これは、「こんなプロジェクトを成し遂げたい！」という夢を持ちながらも、「資金として必要な○○万円が手元にない」という個人や企業が、「1口○○円から応援してくださいませんか。実現したら、こんな御礼を差し上げます」とインターネット上で資金を募るというもの。

クラウドファンディングは一つの産業としても急成長していて、クラウドファンディングサービスを運営する「マクアケ」という会社は上場も果たしました。上場とは株式を世の中に公開することで、より社会に対して責任を持ち、社会から広く資金を集められるようになります。企業の成長にとってはとても重要なステップです。

さらに言うと、ちかこさんが興味を持った「投げ銭」や「クラウドファンディング」にお金を使おうとする考え方は、「株式投資」にとても似ています。

株式投資とは、「株式の購入を通じて、その会社の成長を応援する」というお金の使い方。まさに投げ銭と同じ発想ですよね？　しかも、その会社が儲かったら、儲かった分のご褒美（リターン）まで返ってくる。

応援とご褒美のセット。株式投資とは、そんな使い方なんです。

価格は「お互いの得」で決まる

さて、ここで少し話題を変えます。

お金を使って買い物をするとき、買うか買わないかを判断するのに重要なポイントが「価格」です(価格、値段、料金、これらはほぼ同じ意味だと考えてください)。

では、価格はどういうふうに決まるか、知っていますか?

そう、社会科が得意だった君ならすぐに出てくるかもしれない。価格は「需要と供給のバランス」で決まります。

買い手の「この値段なら買ってもいい」という考えと、売り手の「この値段で売ってもいい」という考えの折り合いがついたときに価格が決まります。

例えば、1本のボールペンを150円で売る人がいた場合、「150円ならぜひ買いたい」と手を挙げる人もたくさんいるから、商売が成り立ち、たくさんの店で売られるようになる。

ボールペンを1本だけ作るのに必要なコストは150円よりも多くかかるけれど、「たくさん売れる」という見込みがあれば一度にたくさんつくれるので1本あたりのコストは下がります。結果、150円で売っても儲けが出るというわけです。

仮に、同じボールペン1本の価格が「1500円」に変更されたら、「そこまで払う価値はない」と思う人が増えて、ボールペンは全く売れないという結果になるでしょう。

買い手と売り手が相互に納得できたときに初めて、価格は成立する。 価格の成立においては、買い手と売り手のどちらがエライというわけではなくて、どちらも必要な存在。価格が成立した時点で、「お互いにとってメリットがある交換ができるよね」と納得し合えている。この理解がとても重要だと僕は思っています。

はるか昔、お金ができる前、人々は物々交換をしていました。

例えば、魚がとれる海辺に住んでいる人たちと、山に住んで狩猟をして肉を食べることが多い人たちが、出会うとします。

すると、きっとこんな会話が始まったのだと思います。

「お互いが得する」ように価格は決まっていく

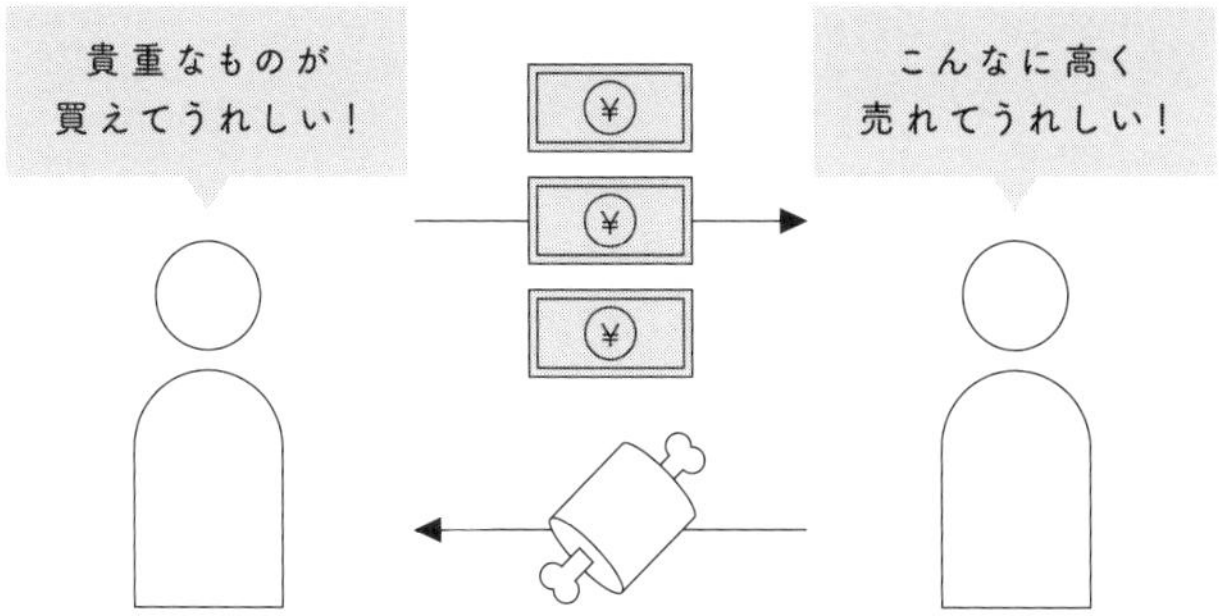
貴重なものが
買えてうれしい！
こんなに高く
売れてうれしい！
¥
¥
¥

「そっちでとれる魚を分けてくれない？」

「魚なら余るくらいたくさんあるから、お安い御用ですよ。その代わり、肉を分けてくれないかな」

「もちろん！」

ここで注目したいのは、異なる環境条件の人と取り引きをすることで、モノの価値が上がっていること。

魚がたくさんとれる海辺の住人に魚を売ろうとしてもありがたみを感じてもらえませんが、肉は大歓迎されます。海辺で肉はレアで貴重だからです。

欲しいけれどなかなか手に入らない、レアなものの価値は上がる。
だから、自然と「分けてくれてありがとう」という気持ちが生まれる。
経済とはもともと、このような互恵関係、お互いに支え合う関係を意味するのだという話を1章でもしましたね。

時々「お金を払っているほうがエライんだぞ」と大きな態度をとっているお客さんをお店で見かけることがありますが、価格の成り立ち方を知ると、その考えが根本的に間違っていることがわかります。

価格が成立している時点で、お互いの「買いたい」「売りたい」が均等に成り立っているのだから、買い手のほうがエライなんてことはあり得ない。どっちもうれしくて、ありがたい。お互いが得をする関係がそこには生まれているのです。

だから、僕はセミナーなどで大人向けに話をするときにも、「お店で買い物をするときには、お店の人に『ありがとうございました』と言われるままにしないで、こちらからも『ありがとう』と伝えましょう」と話しています。

見ず知らずの人と「ありがとう」を交換できる関係になれる。「価格」には、そんな素敵な意味があるのです。

「無駄遣い」で経験値をためよう

さあ、ここで一呼吸。

こんなに「お金の使い方」についてじっくり考えることって、あまりないですよね。

僕が「消費は自己表現である」なんて言ったから、「立派なお金の使い道を考えないといけないいな」とちょっと緊張してしまったかもしれない。

大丈夫です。どんどん間違っていいんです。

「なんでこんなもの買っちゃったんだろう……」と後悔する無駄遣いを何度でも繰り返すのが人間です。

何を隠そう、この僕だって、54歳にもなっていまだに毎日反省しています。ついこの間も、ガーデニングのために買った植物栽培用の支柱のサイズを間違えて注文してしまってガッカリしたばかりです。

思ったよりも植物が成長して、支柱の長さが足りなくなってしまったんですね。このときは「リサーチ不足が原因だ。もっとちゃんと調べないと」と自分に言い聞かせました。

その後に長めの支柱が届いたのですが、入れ替えた直後に台風が直撃して全部倒れてしまいました。これも準備不足。もっと頑丈な補強が必要だったのに、自然の脅威に対する想定が甘かった。

こういった細かな反省と改善を繰り返していくうちに、だんだんと買うスキルの精度は磨かれていきます。

そして、「1年前にやった買い物の失敗は、もうしなくなったぞ！」と自分の成長に気づけるとうれしくなる。**買い物の試行錯誤そのものが面白い**のです。それに、買い物に限らず、人生には失敗を経験しないとわからないことはとても多い。

だから、たくさん失敗しようよ、と君に言いたい。

僕は、人の成長には4つの材料が必要だと思っています。

まず、「食べ物」。何を食べるかで、体と心は変わっていく。

次に、「出会い」。そして、「本」。誰と出会い、何を読むかによって、心の深さと奥行きを育むことができます。

もう一つ、大切な材料は「体験」です。その文字の通り、**自分の体を使って実験する。実際にやってみて感じること、気づくこと、学ぶことに素直に向き合ってみる。**

この4つの材料を枯らすことなく、自分自身に与え続けることが、人の成長、そして人生の質の向上には欠かせません。

「無駄遣い」の経験値をたくさんためて、より豊かな自分を表現できるお金の使い方を身につけていきましょう。

第 3 章

「仕事」のこと

自分に合った「働き方」「稼ぎ方」を知る

会社と学校、何が違う？

ここからは、「お金」と切っては切り離せない「仕事」について話していきます。

14歳の君は将来の夢を誰かに聞かれたとき、「資産家」なんて答えていたけれど、具体的なイメージは持っていなかったように思います。だから、将来に対して、漠然とした不安を抱えているかもしれません。

でも大丈夫。40年後の君は、こんなに楽しく仕事をして、素敵な仲間と家族に囲まれて暮らしているから、安心してほしい。

さて、その「仕事」だけれど、君はどんな印象を持っているでしょうか？

君とほぼ同い年の中学3年生、ちかこさんと話をしたときに、僕は聞いてみました。

「仕事ってどんなイメージ？」と。

すると、ちかこさんはすごく興味深い答えを返してくれたんです。

「**仕事は〝お金をもらえる学校〟に行くこと**だと思います」

なるほどなあと感じました。

少しだけ補足します。実は、この問いかけの直前にちかこさんは、あまり学校が好きになれない時期が長かったという話を打ち明けてくれていました。

中学1年生のとき、担任の先生が苦手で、通学するのが苦痛な時期があった。でも、3年生に進級する直前、新型コロナウイルスの影響で全国一斉休校になった。学校に通わず、自宅で自習する日が続くと、「学校に行くのはあまり好きじゃないけれど、勉強自体は面白いかも」と気づいた。だから、学校に行かなくても好きなように勉強できたらいいのに、と最近は思っている。

そんな話をしてくれていたので、この時点のちかこさんは学校に対してポジティブな気持ちを持っていないことがわかっていました。

この流れを受けて、「仕事は〝お金をもらえる学校〟に行くこと」とちかこさんが表現したその意味をもう一度考えてみましょう。きっとこんな解釈ができると思います。「学校は自分の意思にかかわらず、行かなければいけないところ。大人になって仕事をしにいく会社もきっとそう。でも、会社に行って働けば、お給料をもらえるからマシかもしれない」

少し偏った解釈になっていないだろうかと心配してちかこさんに聞くと、「そうです」と返してくれました。

そしてこれは、今の大人たちの大多数が抱いている「会社」のイメージとほとんど変わらないんじゃないか。僕はそう思っています。

つまり、会社とは、好きじゃない仕事を無理して頑張る場所で、給料とは苦痛に耐えていることへの「我慢料」。

残念なことに、**日本の今の大人たちには「会社嫌い」を公言する人がとても多い**ことがわかっています。

ある団体が、世界の何カ国かの大人たちに、「あなたは、今働いている会社が好きですか?」と聞く調査をしたそうです。すると、アメリカ人は80%くらいの人が「好きです」と答えた。中国人も同じくらい。

ところが、日本人は40%くらい。半分以上の人が自分が働いている会社を「好きだ」と感じられていないなんて、ショックですよね。

「好き嫌い」で選んでいい

この差はどうして生まれてしまったのか。

理由は簡単で、**日本人は〝我慢〟している**のです。そもそも会社とは、好き嫌いで選ぶものではなくて、「将来にわたってお金の心配なく暮らせるかどうか」「有名かどうか」「人気ランキングの上位かどうか」で選んでいる人が少なくないのです。

今挙げた条件には、一つも〝自分の気持ち〟は入っていません。自分の気持ちよりも、世間の目を気にして選ぶから、当然、入社後にあまり面白いと感じられないことは多いはずです。でも、辞めない。これもきっと世間体が理由です。

「石の上にも三年」ということわざの影響でしょうか。なんとなく、「三年以内に会社を辞める若者はけしからん」という風潮もあります。

親からも説得されるようです。「ちょっとくらいつらいからって、辞めるなんて考えてはいけないよ。仕事とはそういうものだ。そのうち慣れるから頑張りなさい」と。意地悪で言っているわけではありません。親世代も同じように〝我慢〟をしてきたので、それが普通なんですね。

きっと、アメリカ人や中国人が聞いたらびっくりするはずです。なぜなら彼らは「嫌になったらすぐ辞める」のが当たり前だから。

そう、なぜ彼・彼女らが日本人と比べて「会社好き」か、ピンと来ましたか？　嫌いになる前に辞めちゃうからですね。自分に合わないと思ったら、もっと好きになれそうな会社に移るという考え方が当たり前になっているのです。

よく考えてみたら、どの会社に入って、いつ辞めて、どの会社に入り直そうが、その人の自由なはずです。

学校に通っている間は、「3年間は同じ中学、高校に通うのが原則です」という共通認識が全員にあるけれど(だからといって絶対とも限らない)、会社の選択はもっと自由に考えていいのです。

今、日本にはいくつの会社があると思いますか？　答えはおよそ385万社です(『平成28年経済センサス』より)。

君が将来、学校を卒業した後、いつかどこかの会社に入ったとして、それは「385万分の1」の選択だということ。

たった一つの会社がしっくり来なくてもなんの問題もない。だって、**日本の会社という選択肢だけでも、他にまだ385万社近くの候補がある**ということなのだから。

さらに、海外の会社まで合わせるとすごい数になります。選び放題です。

つまり、僕たちはもっと自由に、好き嫌いで会社を選んだっていい。

いや、**好き嫌いで会社を選ぶべきだ**と僕は思います。

これは、日本という国が豊かになれるかどうかという大問題に直結する、真面目な提案です。

なぜなら、好きなことをやりながら、つらそうな顔をする人はいないから。君も身に覚えがあるはずですよ。好きなピアノの練習なら何時間でもできるのに、嫌いな大人の話は10分聞くだけで疲れてしまうでしょう？

この違いを仕事に置き換えると、「同じ時間をかけて、どれくらいの成果を出せるか」という生産性の違いになります。成果の違いは、それによってもらえるお金の金額の違いに反映されます。

ということは、みんなが好きな仕事を選ぶだけで、日本全体が稼げる金額は増えると期待できるということ。

だから、「好きで仕事を選ぶ」ことは決してわがままや自分勝手ではなくて、日本のためになるいいことなんです。

稼ぐことも大事だけれど、何よりも好きな仕事のほうが楽しいに決まっています。好きな仕事を選んで、同じく好きな仕事を楽しめる仲間たちとワクワクしながら毎日を過ごす。嫌いな仕事をして我慢料をもらうのではなく、好きな仕事をして、人に喜んでもらって、報酬をもらう。

君にはぜひそんな人生を送ってほしいのです。

大企業こそ高リスク？

僕は「ベンチャービジネスの創り方」をテーマに、大学で講義を行っています。誰もが知っている、偏差値が高い有名私立大学です。

あるとき、講義が終わった後に学生から提出してもらったレポートに、こんなことが書かれていました。

「藤野先生、どうして僕たちに起業家になることやベンチャー企業に就職することを薦める講義をするんですか？　僕たちは○○大学の学生なんだから、大企業に就職できるのは確実なのに。わざわざハイリスクな道を薦める意味がわかりません」

彼は、きっと本気で、僕を不親切な先生だと思ったのでしょう。でも、僕は本当に彼にとって有益な情報と知恵を与えるつもりで講義をしていたのです。

どういうことか、説明しましょう。


まずはクイズです。

株式市場に上場している会社のうち、2002年から2012年までの10年間で株価が上昇した会社はどれくらいあったでしょう？

(1) 20％
(2) 30％
(3) 70％

答えてもらう前に、一つ補足します。2002年からの10年間は日本が長引く不況で苦しんでいた時期です。

「ボーナスカット」、「派遣切り」といった穏やかではない言葉がニュースで連呼され、その前の10年間も含めて「失われた20年」などと呼ばれていました。

そういった背景から、このクイズを出すと、答えは大体(1)か(2)に集中します。不況だったというイメージのせいでしょう。

ところが、答えは(3)。なんと7割の企業が株価上昇を記録していたのです。

しかも、株価を上げた企業のうち7割については、10年間で株価が2倍以上、利益も2倍以上になっています。

ざっくりと、利益とは「儲け」のことで、株価とは「会社の実力と人気を反映した世の中からの評価」だとイメージしてください。

7割の7割だから、全体のほぼ半分。

つまり、「失われた」と言われてきた**2002年から2012年の10年の間に、日本の上場企業のうち7割が成長していたし、5割の企業が利益も株価も2倍以上伸ばしていた**ということ。素晴らしい成長ですよね。

次に、今説明した「日本の上場企業」の内訳を会社の規模ごとに見てみましょう。

実は、大型株＝大企業の数は全体の4％しかないんですね。

残りの96％は、中小企業。10年間で成長していた企業のほとんどが中小企業だったことがわかります。ちょっと意外ではありませんか？

では、大企業はどうだったのでしょうか。

東証一部上場企業のうち、特に時価総額と流動性の高い企業30社の株価の値動きを示す「トピックス・コア30」を見ると、２０１２年までの10年間でなんとマイナス24％！　こっちは悲惨ですね。一体、どんな企業がこんなに成績を下げてしまったのでしょう。２０１２年10月末時点の「トピックス・コア30」を構成する企業は次の30社でした。

日本たばこ産業、セブン＆アイ・ホールディングス、信越化学工業、花王、東芝、武田薬品工業、アステラス製薬、新日本製鐵、小松製作所、日立製作所、パナソニック、ソニー、ファナック、日産自動車、トヨタ自動車、本田技研工業、キヤノン、三菱ＵＦＪフィナンシャル・グループ、三菱商事、三井住友フィナンシャルグループ、みずほフィナンシャルグループ、野村ホールディングス、東京海上ホールディングス、三菱地所、三井物産、ＫＤＤＩ、日本電信電話（ＮＴＴ）、

NTTドコモ、東日本旅客鉄道(JR東日本)、ソフトバンク

一度は聞いたことがある、それどころか、日本を代表するコア中のコア。就職希望の上位ランキングに入る大企業ばかりですよね。

しかし、「失われた」と言わせる元凶はこの大企業にあったと言わざるを得ません。

僕たちは「大企業は儲かっていて、中小企業は貧乏」というイメージを抱きがちですが、少なくともこの10年間において事実はそうではないことがわかります。さらに、2012年末から2020年8月までのデータを見ると、いわゆる「アベノミクス」以降も、株式市場を牽引してきたのはやはり中小企業なのです。

大企業に入れば安泰、とは本当でしょうか?

むしろ**高リスクなのは大企業のほう**なのかもしれません。

僕は投資する対象としても、働く職場としても、元気な中小企業のほうがよほど将来性があると考え、大学生にも魅力あるベンチャー企業の存在を伝えているのです。

興味があったら、パッと目についた企業の株価を調べてみてください。意外な成績が見えてくるかもしれませんよ。

「働く＝所属」ではない

ここから少しずつ、「これからの働き方」について話をしていこうと思います。

まず、大前提として伝えたいのは、君が大人になる頃の働き方は、今の大人たちのそれとは劇的に変わっていくのだということ。

この10年で日本の働き方はものすごく変わってきたし、これからも速度を上げて変わっていくと予測できます。

「終身雇用」という言葉を聞いたことはあるでしょうか？

「学校を卒業して入社した会社には、定年まで勤め続ける」という前提で、会社が労働者を長期間雇うというシステムのことです。

20歳前後から60歳くらいまでの約40年間、同じ会社で働く約束をするって、考えてみるとすごいことですよね。でも、これまでの日本では、終身雇用が一般的な働き方として考えられていたのです。

終身雇用の考え方は、鎌倉時代の武士と幕府の間で結ばれた封建制度にとてもよく似ています。歴史の授業で習ったと思いますが、「御恩《ごおん》と奉公《ほうこう》」によって成り立つ制度です。

幕府が武士への「御恩」としていくばくかの土地を与えると、それに対する「奉公」として、武士はその土地を守って治安維持に貢献する。命を懸けて土地を守り、〝一所懸命〟に尽くす。

〝一所懸命〟が〝一生懸命〟に変わったのが、まさに昭和の働き方。一生を捧げて働く代わりに、生涯給料を振り込まれる保証や、社宅や豪華な保養所や各種手当といった特典をもらえるという現代版封建制度。それが終身雇用制度なんですね。

つまり、**会社に「就職」するとはイコール「就社」、その会社への〝所属〟を意味するもので、所属によって得られるメリットが一番の志望動機になっていた**というわけです。

働く人もメリットを享受していた時代は、それで何も問題なく、満足している人は多かった。僕が14歳だった頃の時代の空気を思い出してみると、終身雇用に文句を言っている人はほとんどいなかったように感じています。きっとそうでしょう?

ところが、今の時代になると、様子はだいぶ変わってきています。

年号が平成に変わった頃から、リストラや派遣切りの問題があちこちで起き、「終身雇用は終わった」と盛んに言われるようになってきたのです。

すると、これまで成立していた、お互いにとってプラスの関係が崩れ、働く人たちから不満が出始めました。「御恩はこんなに削られているのに、毎日残業して奉公させられるなんて割に合わないぞ」と。

不満がたまった結果、起きているのが最初に話した現象、「日本人の会社嫌い」です。終身雇用の限界と、それによる不満噴出によって、労働環境は大きく変わろうとしています。

長時間労働を規制したり、ハラスメントに罰則を与えたり、男性でも子育てに参加しやすい環境を整えたり。続々と労働関係の法律が改正され、新しい法律も追加されて、昭和には許されていたブラック企業が撲滅されようとしています。令和は企業のホワイト化が急速に進む時代になるでしょう。

同時に、企業側は「あなたの人生をずっと支えることはできなくなりました」と白旗を振っています。就職人気ランキング上位常連の大手広告会社や大手メーカーが「社員の一部をフリーランス化します」と宣言するなど、ほんの10年前には信じられなかった現象がどんどん起きています。

一見、不安に感じるかもしれませんが、僕はいい流れだと思っています。**個人が一つの会社に縛られることなく、自由に好きな職場を選びやすい社会が近づいている**と期待しているからです。

働くことが、〝所属〟を意味した時代はもう終わりかけています。「一生一社」で人生を計画する人はめずらしくなります。複数の職場と関わりながら働く人も増えていくでしょう。

自分の人生を保証してくれるのは会社ではなく、自分自身。

どこで働きたいかではなく、何をして働きたいか。**もしかしたら、「会社」という形さえもなくなる未来が来るかもしれないですね。**

「給料」は誰からもらうもの？

働くことが「所属」と考えられてきた時代には、「給料は、自分が所属している会社からもらえるお金」と認識する人が多かったのではないかと思います。

アルバイト収入を除いて、子どもの頃にもらえるお金は、お小遣いやお年玉がメイン。それらは、自分の親や祖父母・親戚からもらえるもの。家事を手伝うなど、家族のための労働の対価として、お小遣いがもらえるルールをつくっている家庭もあると思います。君も両親が共働きで忙しかったから、いろいろなお手伝いをして、お小遣いをもらっていましたね。

では、大人になって働き始めたときに、給料をくれるのは誰でしょう？

銀行の入金の記録には、会社の名前が書いてあります。給料は会社のルールや上司の評価によって金額が決まります。そして、給料の元手となるのはその会社が稼いだお金です。

こうしたことから、給料は会社からもらうもので、僕らは会社から食べさせてもらっている。そんなふうにイメージする人は多いようです。

親からお小遣いをもらっていた生活から、会社から給料をもらう生活に変わる。そんな考え方が如実に表れているのが「初任給」という言葉です。

会社に入って最初にもらう給料を指す言葉ですが、「初任」という2文字に、「これからずっとお世話になることになる職場に所属した」というニュアンスがにじみ出ています。

もちろん、就職をして親から独り立ちすることは祝福されるべきことなのだけれど、僕は初回に振り込まれる給料の意味は、それ以上でもそれ以下でもないと思う。

「初任給」という言葉は、「働く＝所属」の価値観を前提としていて、なんとなく重圧を感じるのです。

もっと言うと、「給料は会社からもらうもの」という考えは、実は本当ではありません。給料として分配されるお金は「会社が稼いだお金」であるのは事実。けれど、そのお金はどこから来ているかというと「社会」なんですね。

会社が提供したモノやサービスを、社会で暮らす誰かが使ってお金を払ってくれることで、会社は売上をあげています。そしてその売上から、労働の対価として、会社で働く社員に給料を支払っているのです。

だから、本当のお金の出どころは、会社じゃなくて社会です。会社のどこかに巨大なプールがあって、給料用のお金が確保されているのではなく、常に新しいお金が入れ替わっているのです。

給料の主《あるじ》は、会社の外に広がる世の中。だから、給料を増やしたかったら、会社の上司を喜ばせたってしょうがない。世の中に暮らす人々をたくさん喜ばせることができて初めて、給料は自然と増えていく。これから働く君には、ぜひこのルールを覚えておいてほしいと思います。

〝やりたいことを全部やれる社会をつくろう〟

給料の話を続けましょう。

「一生一社」の時代には、収入源は一つに限られることが当たり前でした。

でもこれからは、同時に複数の職場から収入を得る働き方が主流になっていくはずです。

「(本業さえしっかりしてくれれば)副業してもいいですよ」とルールを変える企業が増えていて、同時に複数の組織で働いて、いくつもの肩書きを持つ人が増えてきました。**同時複線型の働き方を選ぶ人を「パラレルワーカー」と呼ぶ**こともあります。

週に5日、8時間同じ会社で働くのではなく、週3日はA社で8時間、週2日はB社で3時間、加えて月末だけはC社で月10時間程度働く。そんな働き方が当たり前になってくるでしょう。

子育てや介護、病気の治療、勉強などと、仕事が両立できる働き方は、若い人にとってもシニアにとっても歓迎されるものです。複数の収入源を確保しながら、「ライフ」と「ワーク」のバランスを柔軟にデザインしていける世の中になっていくことには、僕も大賛成です。

ただ、「副業解禁」と胸を張って発表している企業に対して、時々言いたくなります。「そもそも、どこでどれだけ働くかは、その人の自由でしょう？」と。

「職業選択の自由」は憲法で保障されているのですから、企業が従業員を縛り付けるなんて憲法違反だと僕は思います。

僕が経営している会社では、副業はもちろんオーケー。むしろ、いろんな会社でいろんな経験を積んでくれたほうが、新鮮なアイディアが集まってくるからメリットが大きいと感じているくらいです。

中には**一度辞めて戻ってきた〝出戻り社員〟もいる**くらいです。退職者に対して「会社を捨てた裏切り者」と冷たくあしらう経営者も世の中にはいると聞きますが、理解に苦しみます。外の世界でもまれて、さらにパワーアップして戻ってきてくれた同志。

そう思って迎えたほうが、お互いにハッピーなはずです。

仕事に限らず、日本では「一つの道に邁進《まいしん》せよ」というプレッシャーをいろんな場面で感じることがあります。

14歳の日常に深く関わる「部活」もそうではないでしょうか。学校に入ると、いろんな部活の先輩から入部を勧められると思います。バスケ部も書道部もパソコン部も英語部も面白そう……。でも、「一つに選んで」と言われてしまう。

かけ持ちはできなくはないけれど、なかなかやりづらい仕組みになっています。君も中学では剣道部だけに所属していたけれど、他の部活にも入ってみたくて、もどかしさを感じていましたね。

「夢中になっていいことは一つまで」
「しかも、一度決めたら簡単に辞めてはダメ」
「頑張って3年間続けなくてはいけない」

そんな部活の常識は、そのまま仕事の古い常識と一致します。終身雇用型の働き方でうまくいっていた時代の大人たちが、無意識につくり出した学校文化なのかもしれません。

それでハッピーならいいのだけれど、中高生のみなさんが苦しかったり、窮屈に感じていたりするのならば、古いルールは変えたっていい。

今の中学生・高校生は、君たちの感覚に合う部活カルチャーをどんどんつくり直してほしいと思います。

海外では、複数のクラブ活動をかけ持ちしたり、シーズンごとにスポーツの種目を変えたりするのは当たり前なのだそうです。そういう学生生活を送っているから、アメリカ人は転職にも抵抗なく、より自分が楽しめる職場を求め続けるという仮説も立ちます。

僕だったら、「パラレル部活が原則!　転部は回数無制限」くらいのスローガンを打ちます。

実際のところ、僕は高校生の頃、一つの部活では満足できずに、将棋部と陸上部と生徒会と応援団をかけ持ちしていました(こうやって、14歳の君が感じているもどかしさは解消されていくから安心してほしい)。さらにピアノも好きだったから、習い事としてピアノも続けていました。

忙しかったけれど、全部やりたかったから、我慢しないことにしました。そして、全部を楽しみました。

今思えば、時代を先取りした高校生だったのかもしれません。

僕が言いたいのは、「ルールは変えたっていい」ということ。

君が変えたければ、そして周りの仲間の賛成をたくさん集めることができたら、ルールは自由に変えられるし、変えていくべきだと思う。

そうやって、社会は少しずつ進化してきたのだから。

手始めに、部活のかけ持ちか転部にチャレンジしてみるのはどうだろう? 「やりたいことを諦めない人生を送るためのトレーニング」だと思って、トライしてみる価値はあると思います。

ホワイト企業は自然と増える

副業解禁だけではなく、これからは働き方がどんどん変わっていくでしょう。「御恩と奉公」の関係の中で見逃されていたパワハラやセクハラは、許されないものとして厳しい目が向けられる社会になってきましたし、最近は**「SDGs(エスディージーズ)」という国際的なムーブメントも起きています。**ちょっと難しい説明が必要だけれど、これからの社会のキーワードとなる言葉だから、ぜひ理解しておいてほしいと思います。

SDGsとは「サステナブル・ディベロップメント・ゴールズ」の略で、「持続可能な開発目標」という意味です。「貧困をなくそう」「気候変動に具体的な対策を」など、全部で17個の目標が設定されています。これに賛同を表明し、具体的な取り組みを行う企業が増えてきているのです。

例えば、不当な児童労働や環境破壊につながる方法によって製品をつくっている会社は、それがどんなに人気で話題のブランドだったとしても、世間の批判の的になります。

ファッションブランドは、そのブランドの服がいかにカッコいいかを宣伝するだけではもはやファンの心をつかめないのです。

だから、服の素材が再生可能であることや、売り上げの一部を寄付に回していることを熱心にＰＲしているんですね。

商品づくりのプロセスだけではありません。

会社の中で働く人たちが、やりがいを持って能力を発揮して、ハッピーであることも、会社が果たす社会的責任だと考えられるようになりました。

悪質な長時間残業やパワハラが横行している会社は、世間から厳しく追及され、時には「不買運動」が起きるなど、社会的に排除される傾向がどんどん強まっています。

昔だったら泣き寝入りするしかなかった労務関係のトラブルも、かなり未然に防げる環境へと変わってきた。日本のビジネス社会全体がホワイト化しているのは、とてもいいことだと思います。

ホワイト化の背景として大きいのは、「インターネット」でしょう。

昔は個人が会社を告発しようとすると、訴訟を起こしたり、週刊誌にネタを売ったり、かなり大がかりな作戦に出る必要がありました。でも、今は指1本でツイートするだけで、瞬時に世界中に拡散されていきます。

インターネットの普及は個人に〝発信力〟というものすごいパワーをもたらし、ブラック企業に対する抑止力になっているのです。

インターネットがある時代に生まれただけで、僕たちは超ラッキーです。

一方で、もしもインターネットがこの世になかったとしても、やはりブラック企業は少しずつ淘汰《とうた》されていったはずだと僕は予測します。

何によってホワイト化が起きるのかというと、〝市場の力〟によってです。労働力にも競争原理が働くのです。

魅力的な職場には人が集まり、問題のある職場からは人が離れていく。

とても自然で合理的な原理ですよね。日本は諸外国と比べると労働流動性が低い（転職などの人材流動が活発ではない）と言われていますが、そうは言っても、あまりにもひどい職場に長くいられるほどお人好しな人は滅多にいません。

これ以上は無理だと判断したら、「もうやってられない！」と辞めるし、訴える人もいるでしょう。

そんな素直な個人の選択がたくさん集積された結果、ある会社は潰れ、ある会社は生き延びる。つまり、市場に任せるだけでも、世の中はホワイトに、働きやすくなっていくのです。

もちろん、雇用される側である個人の権利が脅かされないように、法律で守る必要はあるけれども、**みんながシンプルに「心地いい会社」を職場として選んでいけば、ブラック企業は少しずつ消えていく**はず。

市場を動かすのは、人間の感情です。

自分の心に嘘をつかず、自分が正しいと信じることを正々堂々とやって競争する。

より多くの人の支持や共感を得たプレーヤーが、生き残る。

その繰り返しで、僕たち人間は自分たちが心地いいと感じられる働き方をアップデートしてきたのです。

君が昔の働き方よりも、今の働き方のほうが素敵だと感じられるのなら、それは「未来への希望」になります。なぜなら、**未来の働き方も、今の働き方よりずっとよくなる**はずだということだからです。

AIは人間の仕事を奪う？

これからの仕事について考えるときに、無視できない存在となっているのがＡＩ（人工知能）やロボットです（君の時代にはＡＩなんて聞いたこともなかったかもしれないけれど、今はいろんなサービスにＡＩが搭載されています）。

これから先、さまざまな産業で、ＡＩやロボットが普及し、活躍の場を広げていくことは間違いないでしょう。

その結果、僕たちの生活はもっと便利になって、僕たちはもっとラクに過ごせるようになります。家事ロボットのおかげで家事から解放され、空いた時間を使ってやりたかったことができる。一日中、狩りや採集に追われていた原始時代の祖先が見たら驚くに違いありません。

川で洗濯をしていたおばあさんも、全自動洗濯機に乾燥機能までついていることや、最近では「乾いた衣服をたたむ機能」が開発されたことを知ったら、きっとひっくり返ってしまいます。

しかしながら、こんな不安の声もよく聞きます。

「ＡＩやロボットは、人間の仕事を奪ってしまうのではないか？」

これまで人間がやっていた仕事をＡＩやロボットが代替し、人間をはるかに超えるクオリティでこなしていくと、その仕事は消滅する。すると、その仕事をしていた人たちが路頭に迷うんじゃないかという心配ですね。

たしかにそうかもしれません。でも、それは大した問題ではないし、僕たちが過去にもたくさん経験して乗り越えてきた問題です。

事例はいろいろとありますが、今日は「人力車」の話をしましょうか。

君は人力車を見たことがあるよね。その名のとおり、人の力を使った移動手段で、リヤカーを改造したような見た目をしています。

今でも浅草や京都などの観光地では、街巡りの観光アクティビティとしてよく見かけますが、明治時代に入る頃までは都市生活者の貴重な足でした。当時は、人力車サービスを提供する専門業者がたくさんいたようです。

ところが、人力車業界を根底から揺さぶる大事件が起きます。

「電車」の登場です。

蒸気や電気の力を使って、一度に大量の人々を早く、遠くまで運べる電車の普及によって、人力車業者はバタバタと倒産していったそうです。

「電車はけしからん。科学技術が進歩したことで、これまで我々が頼りにしてきた人力車が不要になってしまうとは、間違っている」

そんな論評をする人もいたと記録に残っています。

義理人情だけでは市場の動きは止められません。またたく間に、街の風景は変わっていきました。僕らが便利な電車を選び、そちらにお金を使ったから、人力車は姿を消していったのです。

人力車業界も指をくわえていたわけではなく、合併して規模で対抗しようとしたり、運転手が筋トレに励んで速度を上げようとしたりと、策を講じたようです。

それでも結果は、君が知っているとおり。人力車の仕事は、電車の普及によってなくなりました。

では、その変化によって、人々は不幸になったのでしょうか？

そんなことはありませんよね。むしろ幸福度が上がった人は多かったはずです。

電車の発達は、人々に「旅をする楽しみ」をもたらし、新たに旅行業が勃興し、線路が伸びた先の地方には産業が生まれました。遠い場所まで人が移動できる世の中へと進化し、社会生活が拡大して、経済は豊かに発展していきました。

きっと同じような変化を、ＡＩやロボットも運んでくれるはずです。何も怖がることはありません。

大切なのは、**今あるものをどう永続させるかではなく、技術の進歩がもたらす恵みの変化にどう対応し、その変化に合わせた価値をどう生み出していくか**です。

考えてみれば、人類の歴史とは、便利な発明品を生み出しては新たな余暇をつくり、その余暇を楽しもうと日常の習慣を変えてきた貪欲な歴史です。

人間の特技は、「クリエイティブな暇つぶし」と言ってもいいかもしれません。

新型コロナウイルスの影響で「ステイホーム」が叫ばれ、自宅で過ごす時間が急増した２０２０年の日本では、ガーデニング用品やキッチン用品、グルメデリバリーなど、日常生活を豊かに過ごすための製品・サービスの売り上げが大きく伸びました。

つまり、**今までやってきた習慣がポッカリとなくなった後には、その穴を埋めるに足る新しいものが必ず誕生する**のです。そして、多くの人たちが〝もっとワクワクできる何か〟を待っている。自分だったら何を始めるか？　何をしたら、皆が楽しめるか？　そんな想像の旅を面白がってみましょう。

稼ぐ力❶——強い動機

お金をたくさん稼ぐために、必要な力とはなんだろう？

国語や数学などの学力、語学力……もちろん勉強して知識を得ることは大事です。でも、それだけではきっと稼げる大人にはなれない。

1章でもお話ししてきたように、お金はたくさんの人に喜んでもらえる「価値」に集まる。だから、そんな**価値を生み出す力を磨くことが、稼ぐためには不可欠なのだ**と思います。では、そんな価値を磨いて磨いて、現在活躍している大人たちの〝稼ぐ力〟はどこにあるのか。

僕が知っている素敵な大人を紹介しながら、稼ぐ力につながるキーワードをいくつか紹介したいと思います。

一人目に紹介したいのは、建築家の隈研吾《くまけんご》さんです。

隈さんの作品はとにかく見ていて気持ちがいい。木材を多用し、その環境になじむ素材と造形で、風景の一部としての建築をつくる素晴らしい作品で、私たちをいつも驚かせてくれます。シャープの液晶テレビ「アクオス」のテレビCMの舞台となった「光と竹の家」などが有名で、新国立競技場の設計も手がけました。

決して偉ぶることなく、いつも穏やかな空気をまとっている隈さんですが、その作品からは〝強い動機〟が伝わってきます。

その仕事を通じて何を成し遂げたいのか、どんな価値を世の中に投げかけて、どんな未来をつくりたいのか。それが明確に作品に表れているのです。

隈さんの仕事から見えてくるのは、「自然との調和・共生」を願うメッセージです。そうした動機が伝わり、それに共感する人が集まってくるから、隈さんへのオファーは絶えないのだと思います。

僕が隈さんと一緒に、熊本で暮らす木材オーナーを訪ね、素晴らしいコレクションを見学したときには、壮大なオファーを受けるシーンも間近で聞きました。

「私は一生をかけて、世界中の木材を集めてきた。全部で5000本ある。樹齢500年を超える屋久杉もある。私はもう高齢だ。ここにある木材を全部、隈さんに差し上げたい。ぜひ素晴らしい建築をつくるのに役立ててほしい」

こういった大きな仕事の依頼が舞い込んでくるのも、強い動機を持って、一つひとつの作品に誠心誠意取り組んでいるからだと思います。

強い動機が宿る仕事が、共鳴する人を集め、さらに素晴らしい仕事を生んでいく。

そんな素敵なサイクルを隈さんは見せてくれます。

稼ぐ力❷——人と違う見方

もう一人、紹介したいのは、デザイナーの佐藤オオキさんです。

佐藤さんのことは彼が大学を卒業して独立したてだった頃から知っていて、レオス・キャピタルワークスのロゴデザインを頼んだのも佐藤さんでした。

当時支払ったデザイン代は100万円でしたが、今頼んだら1億円以上になるのではないでしょうか。それくらい売れっ子で大活躍しています。

100万円が1億円に。100倍の成長を生んだ佐藤さんの〝稼ぐ力〟のポイントは「目線」だと思います。**人とは違う見方で、対象の本質をつかむ能力が卓越しているのです。**

佐藤さんの才能を象徴するエピソードはいくつもありますが、特に僕が好きなのが、彼が今ほど有名ではなかった20代半ばに手がけた「ガンダム展」のエピソードです。

ガンダムは、テレビアニメ『機動戦士ガンダム』に登場する人型ロボット兵器です。1979年のアニメ放送当時からずっと人気を博し、2005年にはガンダムの展覧会が開かれました。

佐藤さんは、その展覧会で販売する特製グッズを企画することになりました。そして、主催者の偉い人たちを前に、サンプルとして持っていったのが、カラフルなストライプ柄のテディベア2体でした。

ガンダムなのにテディベア？ よく見ると、模様の配色はガンダム風です（インターネットで調べて、ぜひ画像を見てみてください）。でも、「こんなのはガンダムとは言えない」と即座に突き返されてしまった。

しかし、次の会議で佐藤さんが持っていったのはやはりテディベア。しかも色違いで2体増やして4体に。さらに次の会議ではなんと7体に増やしたのです。

すると、最初は反対していた人たちも「だんだんガンダムに見えてきた」と公式グッズとして認めるようになり、展覧会の会場で販売が実現。そして、あっという間に完売してしまったそうです。

テディベアをガンダムに見立てるなんて、普通の発想力からは生まれないアイディアです。形がまったく異なるテディベアを、どうしてガンダムグッズにできたのか。そう聞くと、佐藤さんは「形ではなく〝色の流れ〟でガンダムは表現できると思った」と答えてくれました。

オレンジ、ブルー、イエローなど、ガンダムに使われている色を表現したストライプだけで、ガンダムを表現する。この見方こそがオリジナリティとして光っています。

また、佐藤さんは以前、「『赤い椅子』というオーダーが来たとしたら、赤い椅子はつくらない」とも言っていました。

「赤く感じることができる椅子はどういうものかな」と、独自に解釈を広げて、表現を探るのだそうです。

すると、白い椅子に赤い照明を当てる作品や、椅子全体にリトマス試験紙を張って、酸性の水をかけて赤く色を変える仕掛けの作品など、人をあっと驚かせる作品を生み出せる。視点を変えることで、独創的なアイディアを生み出しているわけです。

この話を聞いてから、僕も「投資」だけでなく「投資だと感じることができる活動」にまで目を向けようとする意識が芽生えました。

価値を生むアイディアはどこかに転がっているのではなく、自分の視点次第で増やせるものだと、教えてもらいました。

「社長の顔が見える会社」を選ぼう

君が将来、就職活動をしようと思ったときには、きっとすごく迷うと思います。世の中にはたくさんの会社があって、候補を絞るのはなかなか難しい。

まずは、興味のある検索キーワードをいくつか掛け合わせて、ヒットした会社名からたどって、ホームページを見てみることから始めてみるといいかもしれません。会社の公式ホームページを見れば、その会社が大事にしている価値観や職場の雰囲気がなんとなく伝わってくるものです。

僕が投資先を決めるときにも、必ずその会社のホームページをチェックします。投資家は成長しそうな会社を探して投資するのが仕事なので、僕が重視しているポイントは就職活動にもきっと役立つはず。それを君に教えます。

ホームページの目立つ場所に、かっこいいキャッチコピーでビジョンやミッションを打ち出すのは、どこの会社でもやっていることなので、重要ではありません。本質はもっと地味なところに宿ります。

「社長の顔写真」が載っているかどうか。これをチェックしてみてください。「役員一覧」や「代表挨拶」のページがあって、社長が顔写真付きで自己紹介をしている会社は、成長する確率が高いのです。

逆に、社長の顔写真がない会社の成績は平均的によくない。「え？ そんなに違いがあるの？」と驚いたかもしれませんが、実際に株価のデータを取って比較した結果なのです。

なぜ、社長の顔写真を載せている会社のほうが成績がいいのか？

おそらく、体質の違いがあるからなのでしょう。

初めてホームページを訪れるお客さんに対しても、「いらっしゃいませ」とトップが玄関先まで出てきて迎え入れ、「私たちはこういう商売をやっています」と自分たちを理解してもらおうとする。

そういうオープンな姿勢がお客さんや社会に伝わるから、信頼を集めやすく、製品・サービスもたくさんの人に届きやすくなる。

きっとそんな関係が成り立つのだと思います。

さらに、社長による「代表挨拶」のメッセージが掲載されていたら、その文面も読んでみましょう。

このときのチェックポイントは〝主語〟です。「当社」「弊社」ではなく、「私」や「私たち」を使っているかどうか。

会社を主語にして語る社長は、本当に自分の本心から出た言葉なのかなとつい疑ってしまいます。

「私(私たち)はこう思います」と自分を主語にしてメッセージを発信する社長のほうが、覚悟を決めて社長の役割を担っているように、僕は感じます。

会社組織は常に動いている生命体で、その舵取りをするのが社長です。だから、社長がどんな人であるかは、その会社自体を見極めるためにとても大事なのです。

何か後ろめたいことをしている会社の場合、絶対に社長は前に出てきません。

堂々と胸を張って、世間に姿を見せ、メッセージを発している社長がいるかどうかが、会社選びのポイントだと覚えておいてください。

第 4 章

「人生」のこと

「幸せ」と「お金」の意外な関係

君の選択が「人生」を彩っていく

「お金」とは何か、お金を「使う」とは何か、「仕事」とは何かについて話をしてきました。

最後に、**君と話をしたいのは「人生」についてです。**

14歳の君は今、体も心も苦しい状態にあって、「スランプ」の真っただ中にいますね。なんとなく体調がよくなくて、部活を途中で帰ってしまったり、勉強に集中できずに成績を落としてしまったり。親も君の様子を見て、とても心配している。

結果的に体調は15歳になったぐらいから少しずつ上向いていくのだけれど、それを知らない君は今、大きな不安に襲われている。

そんな君がこの章を読んで、少しでも前向きな気持ちを取り戻してくれたら。そんな思いで話をしていきます。

君はやがて大人になって、社会へと飛び出していく。

想像もできないような、たくさんの出会いが君を待っています。楽しい場面ばかりではなくて、今の君みたいに、迷ったり歯を食いしばったりする場面にもたくさん遭遇します。

でも、どんな場面でも忘れないでほしいのが、人生の主人公はたった一人、〝君〟しかいないということです。

親や、先生、上司、会社、世間……、いろんな人が君に言葉をかけ、その言葉が君の背中を押してくれたり、逆に君の足をすくませることもあると思う。

でもいつだって、**君の人生の行き先を決められるのは君しかいないのだ**と、覚えていてほしいのです。

何年か前に『投資家みたいに生きろ』（ダイヤモンド社）という本を出しました。この「投資家みたいに」という言葉に込めたのは〝自分が主人公になって〟という意味。

大切にしたい世界、価値観に対して嘘をつかずに、自分の心が「そうだ、こっちだ」と躍る方向へと突き進んでいこう、というメッセージを伝えたかったのです。

何も、「リスクが高い、劇的な挑戦をしよう」と言っているわけではありません。僕は起業家という生き方が好きだけれど、万人に薦めているわけでもありません。

会社員として50年生きる人生でも「自分を主人公にして生きる」ことは可能です。組織の一員であるという強みを存分に活かして、夢中になってチャレンジするハイパーサラリーマンを、僕はたくさん知っています(僕は彼らを〝サラリーマンの虎〟と位置付け、「トラリーマン」と呼んでいます)。

一方で、会社に入った途端、まるで首輪をつけられた飼い犬のようになって、「どこかに所属する人生」に全身を委ねてしまう人も、残念ながら少なくありません。所属する会社が元気で明るいうちはハッピーに過ごせるけれど、僕たちは今、変化が激しく、未来が不確定な時代に生きています。「絶対に風雨をしのげる完璧な屋根」なんて、どこにも見つからないのです。

超有名な大企業に入ったとしても、3年後にも同じ環境が維持されているかはわかりません。

成功が約束されている場所は存在せず、正解のないゲームが続く。「はい、正解です！」と教えてくれる人はいないのです。

こんな不確定な社会の中に飛び込むのは怖いかもしれないけれど、君は人生の主人公なのだから、どんなふうにだって物語を変えられます。

面白い漫画や小説には必ず魅力的な主人公がいるように、君の考え方や選択次第で、人生はいくらでも面白くできることを、どうか忘れないでほしいと思います。

僕の尊敬する人生の先輩である成毛眞《なるけまこと》さんは、マイクロソフト日本法人の社長を務めた後、たくさんの企業の経営にアドバイザーとして関わっています。

その成毛さんが、2020年10月25日にフェイスブックに投稿した「学生の諸君へ、(なにかがおかしいと感じているサラリーマンの諸君へ)」という文章に、僕は深く共感してSNSでシェアしたところ、多くの人から反響がありました。

ちょっと刺激的な内容かもしれませんが、ここに引用しますので、ぜひ読んでみてください。

いまボクが付き合っている連中の60％は社長たちだ。残りの40％は編集者、研究者、医者、芸者、勇者など、怪しい者業の面々だ。

その社長たちとは熱海の畳屋、江別の製麺屋、伊勢のクラフトビール屋、高山の瓦屋、気仙沼のセーター屋、赤坂の高級割烹屋、本郷の人間ドローン屋、番町のＡＩ屋などなど、規模も業種もバラバラで、もちろん学歴もバラバラだが、いわゆる大企業サラリーマン社長はいない。

話をしていて、その社長たちはいつもクソ忙しく、体温が高く、多動性で、話題がとっちらかり、新しもの好きで、ケチくさく、いささか攻撃的で、ともかくバラッバラの個性で、生きていることを死ぬまで楽しむであろうと、感じるのだ。経験上、そのような属性の人が社長になったのではないと思う。社長という職種が人を変えるのだとつくづく思うのだ。

これからの学生は社長を目指すべきだと思う。40年も勤め上げて2年で交代する大企業の社長だけは論外だ。テクノロジースタートアップだけが有望な社長でない。家業があれば引き継いでガンガンやるべきだ。町中華の主人だって立派な社長だ。古い業種と思われているところにも面白い社長がたくさんいる。

中小企業といわれようが、輝くベンチャーと言われようが、たかがラーメン屋といわれようが、オタク農家といわれようが、不思議なことに社長たちはほぼ同じ属性であり、意外にも仲間意識があるということを学生は理解したほうがいい。大成功したベンチャー企業の社長は居酒屋の主人をリスペクトしているものだ。社長業という同じ職業の仲間だからだろう。それでもまだ、定年後にはつましく静かな余生の中で、過去のわずかな武勇伝にまどろむ高級サラリーマンを目指しますか。（出典：https://www.facebook.com/makoto.naruke/posts/3380632291973863）

ユーモアも交えながら、成毛さんが伝えようとしているのは、やはり〝主人公として生きろ〟というメッセージではないかと思います。

「生きていることを死ぬまで楽しむ」主人公になろう、と。人生を楽しむためには「お金」がたくさんあることが条件だと思われがちだけれど、そうとも限りません。

僕が出会ってきた起業家たちの中にも、一夜にして財産を失ったり、お金の面で悲惨な目に遭った経験を語る人は少なくありません。

でも、お金がなくなったからといって人生は終わらない。夢を語り、仲間を思い、前を向くことはできます。

彼・彼女たちは、どんなときでも、思い切り〝主人公〟を楽しんでいます。そして、〝主人公になる権利〟は、誰でも等しく、生まれたときから持っているのです。

お金があるから、人生を楽しめるのではない。
人生を楽しむことが先で、お金は後からついてくる。

これからも、君は君の人生の堂々たる主人公として、歩んでいってください。

「逃げる勇気」を持とう

それでも、人生には試練も度々起きます。

自分なりに精一杯頑張っているつもりなのに、足を引っ張られたり、裏切られたり。打ちのめされてどうしようもなくなってしまう事件が時々起きる。元気なときには立ち向かう力が振り絞れるけれど、元気が出ないときだってありますね。

365日、最強の勇者で居続けられる人なんてどこにもいません。

そんなときは、逃げたっていい。逃げることが正解な場面もあります。

感覚としては、「ウォークアウェイ」。走り去る(ランナウェイ)ではなく、歩き去る。余計なことは言わず、その場をスッと立ち去っていく。

僕たちは、何事にも向き合う努力をするべきだけれど、〝立ち去る自由〟も持っているのです。

有名な中国の思想家、孫子《そんし》の戦術をまとめた「孫子の兵法」にも「三十六計《さんじゅうろっけい》逃げるに如《し》かず」という言葉があります。つまり、「いろいろな戦法があるけれど、悩んだときには逃げるのが一番」という教えです。

14歳の君は、まだまだ大人に守られている立場で、だからこそ見えている世界がとても狭くて窮屈に感じて、イライラや不安が爆発しそうなときがあると思う。どうしようもなくなったら、「逃げる」という選択肢を思い浮かべてほしい。困難に全部立ち向かう必要なんてない。

あまり大っぴらに言わないだけで、周りの大人たちだって、しょっちゅう逃げているのだから。

僕もそうです。**いろいろ考えて解決策が浮かばないときは、向き合うことをやめてみる。**すると誰かが現れて解決してくれることもあるし、時間が解決してくれることもある。人生は長いので、ちょっとくらい休んだって大丈夫です。

僕がレオス・キャピタルワークスという会社を創業する前、初めて作った会社の名前は、「マーベリック・コンサルティング・カンパニー」。「マーベリック」ってどういう意味かというと、「烙印を押されていない牛」という意味なんです。

アメリカでは、牛を牧場で飼うときには、お尻に熱い焼きごてをジューッと当てて火傷の印をつけるという風習があったそうです（今でも続いているのかは定かではありません）。牧場ごとに判別できる印をつけて、家畜として管理するためにそれをする。でも、中には拘束を振りほどいて逃げ出す牛もいるそうです。自ら逃げ出した烙印なき牛、それがマーベリック。僕はその生き方に敬意を示したいと思います。柵を飛び越え、まだ見ぬ外の世界へと颯爽《さっそう》と逃げ出した牛。その表情はきっと笑っているんじゃないかなと、僕は想像しています。

投資で「お金」と「夢」をつなげていく

僕はもう30年以上投資家を続けているけれど、僕にとって投資というのは、もはや仕事という枠組みを超えて、人生の中心と言ってもいいぐらいの大きな存在になっています。それぐらい僕がのめり込んでいる投資について説明したいと思います。

投資家は「お金を持っている人」と「お金はないけれど、やりたいことがある人」をつなげる仕事です。

世の中には、お金をたくさん持っていて、すぐに使う予定がないという人がたくさんいます。特にシニア層はお金を使わずに貯め込む傾向があります。

一方で、夢はあるのに、実行するためのお金が足りないという人もいる。14歳の君はおそらくこっちだと思います。

専門用語で、前者を「黒字主体」、後者を「赤字主体」と言い、黒字主体から赤字主体にお金を流すことを「金融」と言います。そして、応援するに値する赤字主体を選んで、黒字主体から預かったお金を流す役割を果たすのが「投資家」というわけです。

お金を渡す方法の一つが、その会社が発行する株式を買うこと。

投資した会社が成長したら、株の価値が上がって、黒字主体に預かったよりも多くのお金を返すことができる。赤字主体はやりたかった挑戦ができて、黒字主体は資産を増やすことができる。お互いにとってすごくいい関係がつくれます。

投資家がよく言われる悪口として「お金ばかり扱っている虚業だ」というものがあるけれど、僕はそうは思いません。

夢を持つチャレンジャーに成功する道筋をつくれる、立派な実業だと、投資家の仕事を誇りに思いながら、毎日楽しく働いています。

：お金○　やりたいこと✕
：お金✕　やりたいこと○
をつなげていく

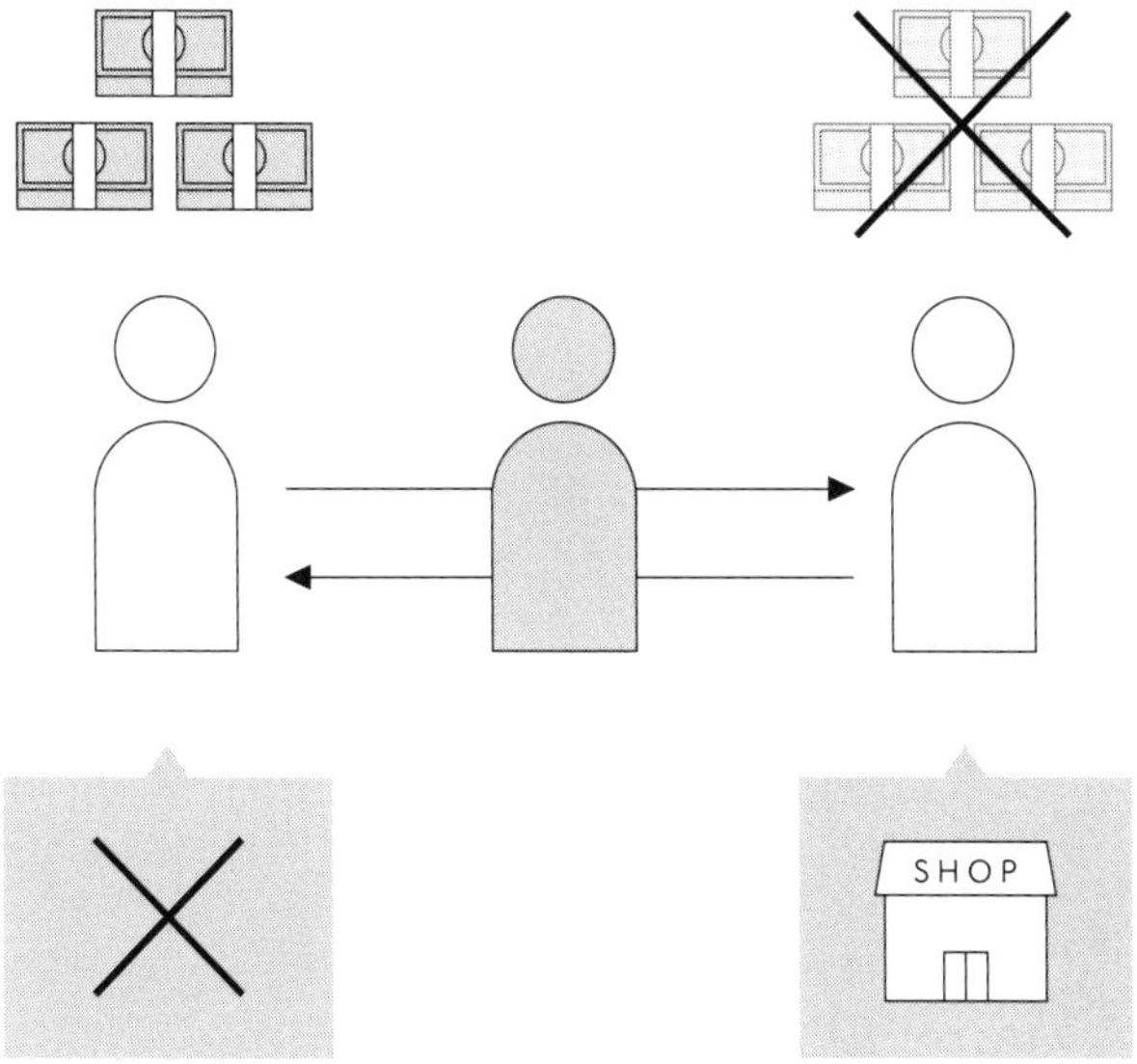

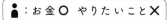

僕が投資家になったワケ

投資について説明ができたついでに、僕がどうして投資家の仕事をするようになったのか、その理由についても話しておきます。

君は僕が投資家になったと聞いたらすごく驚くと思います。僕は今、14歳の頃には想像もしていなかった道を進んでいます。

大学に入った頃の僕の夢は裁判官か検察官になることでした。法律の専門家になって、正義のために法廷で闘いたい。そんな目標で、司法試験の合格を目指していました。

ところが、在学中に受かることができずに、とりあえずの〝仮面就職〟のつもりで入ったのが、野村投資顧問（現野村アセットマネジメント）という資産運用会社。2年くらいお金を貯めてから、もう一度司法試験を受け直そうという計画でした。

ところが、その計画は大きく変更されることになります。

僕が配属された中小型株を担当する部門で、毎日のようにお会いするベンチャー社長たちがとても魅力的だったのです。

地方の薬局店に過ぎなかった頃のマツモトキヨシや、5店舗しかなかった頃のドン・キホーテに投資をした後、会社が飛躍的に伸びていくダイナミズムにすっかり夢中になっていきました。

広島に本社があり、30店舗ほどの展開をしていた地方のアパレル会社は、社長がとにかくパワフルで話に引き込まれ、投資を決めました。すると、その会社が急成長をして、莫大な利益になりました。

その社長とは、「ユニクロ」を展開するファーストリテイリングの柳井《やない》正《ただし》さんです。

思いのある経営者に投資を決めて、成長を応援する――この仕事は面白いぞ！　そう気づき、夢中になるうちに、すっかり司法試験のことは忘れていました。

幸せなことに、あの頃に感じたワクワクを、僕は今でも日々感じています。

投資家には今すぐなれる

投資家という仕事をこれまで身近に感じてこなかったかもしれないけれど、**実は14歳の君でもすぐに投資家になれます。**口座を開設するために大人の手助けは必要だけれど、株式市場は万人に開かれています。

海外、特にアメリカでは、10代のうちから株式投資にチャレンジして、小さな失敗や成功を重ねて、経済の仕組みを学んでいくというのが普通のこと。日本の10代も、もっと気軽に株式投資を始めたらいいんじゃないかなと思っています。

「人生初の株式投資に挑戦してみた」と話してくれたのは、都内在住の中学3年生、りょうが君でした。

もともとお父さんが投資をしていて、自宅に時々送られてくる株主優待に興味を持ったことがきっかけだったそう。コロナ禍の一斉休校で、自宅で過ごす時間が増えたので、「試しにやってみよう」と、ある製薬会社に的を絞ってお小遣いを投資してみたというりょうが君。「上がったり、下がったり、ドキドキしました」と正直に話してくれました。

「そうだよね。難しいよね。僕だっていまだに難しいと思っているよ」と返しました。

株式投資で利益を出すには、「売上や利益が上がりそうな会社を探す」という眼力が必要になります。

しかも、その〝伸びる可能性〟に他の人がまだ気づいていないタイミングで投資ができれば、株を安く買えます。やがてその会社の成績が伸びて、注目する人が増え、株価が高くなっていけば、株を買ったときの差額から利益が出るというわけです。

さて、この〝伸びる可能性〟を見極める眼力は、専門家ならではの知識とか、百戦錬磨の経験があって初めて備わるものと思われがちですが、実はそんなことはありません。むしろ、**14歳の君のほうが伸びる会社を見つけられる可能性は高い**のです。

こんなことが実際にありました。

もう15年ほど前、僕の娘が小学生だったときのことです。娘から「パパ、この靴の会社の株、買ったほうがいいよ！」と薦められたのです（娘は父親の投資家という仕事についてぼんやりと理解していて、学校での身近な流行りもの情報を教えてくれる、優秀なアドバイザーでした）。

娘が指さした足元には、スニーカー。「この靴を履くと、速く走れる」という宣伝文句で、運動会で一番を取りたい小学生の間でブームが起きているというのです。

「友達の○○ちゃんも、土曜日に買いに行くって言っていた！」。

よく見ると、「瞬足《しゅんそく》」と名付けられたそのスニーカーは、たしかに見た目もかっこいいし、コンセプトもオリジナリティがあってヒットしそうです。

「どこの会社が出している靴なの？」

「ムーンスター！」

「ムーンスター？　聞いたことがない会社だな。上場していない会社みたいだね。せっかく教えてくれたけれど、投資ができない。残念だね」

「そうなの。ふーん」

このとき、僕はもうちょっと真剣に調べるべきだったのです。実は、ムーンスターはこの頃に社名を変更したばかりで、変更前は「月星化成」という社名でした。僕はこの前の社名は知っていたのです。

数カ月後、新聞記事で「瞬足大ヒット効果！　ムーンスターの株価急騰」という見出しを見て、僕は思わず「あっ！」と声を出してしまいました。娘が教えてくれたタイミングで株を買っていたら、3倍から4倍の価値になっていました。

小学生の世界で起きていることは小学生が、中学生の世界で起きていることは中学生が、一番知っています。僕がどんなに作戦を練って、中学生の日常をつぶさに観察しようとしても、中学生の君にはかなわない。

つまり、君にはもう眼力が備わっているということ。友達の間で流行っているもの、まだ流行っていなくても「なんかいいな、これ。使ってみたいな」と感じるものがあれば、その会社がどこかを調べてみてください。

その会社が上場していたら、株価も調べてみるのがオススメです。インターネット検索ですぐに出てくるから試してみましょう。

日常で流行りモノをチェック　↓　関連する会社をチェック　↓　上場しているか？　↓　上場していたら株価は？

この行動の流れを習慣化できると、株式投資で結果を出せるようになるはずです。

ポイントは、**すでに大勢の人たちが追いかけている会社ではなく、〝自分だけが知っている〟と自慢したくなる魅力を持つ会社を見つける**こと。

まだ大人たちが気づいていないタイミングで、勝ちのチャンスをどんどんつかんでいってください。

株式投資とは、単に株価を当てるゲームではなく、「将来、どんな商品やサービスが世の中に必要とされるんだろう？」と考えをめぐらせる体験。

この問いから世の中を見る機会を増やすと、自然と仕事や会社に対する理解が深まっていくし、経済の仕組みもだんだんとわかってくるはずです。

すると、自分が将来どんな仕事をして、どんな人生を送りたいのか、そのイメージも輪郭を成していくでしょう。

勉強がおろそかになるほど夢中になり過ぎないように注意してほしいけれど、中学生ならではのアドバンテージを生かして、投資にもどんどんチャレンジしてみてほしい。きっとこれまで知らなかったたくさんの仕事、多様な会社の存在がカラフルに浮かび上がってきて、将来が楽しみになるんじゃないかなと思う。

14歳の頃の僕である〝君〟に、言っておきたい。

「今から投資を勉強していたら、君は将来、もっともっと投資家として大成功するはずだよ」と。

勉強を〝思いっ切り楽しむ〟コツ

人生を長いスパンでとらえると、14歳の君は「勉強をする期間」を生きていると言えますね。日本では中学校卒業までを義務教育とし、その後に高校、大学と進学して、20代前半で社会に出るのが一般的なコースだと考えられています。

では、学生生活が終わると、「勉強をする期間」も終わるのでしょうか？

実は、大学受験までは熱心に勉強していたのに、大学に入った途端に勉強しなくなり、社会に出てますます勉強から遠ざかってしまったという人は多い。

勉強は誰かから強制されるからするものだという考えが染み付いているから、〝先生〟という存在がいなくなった途端、勉強をしなくなる。すごく残念でもったいないことだし、日本の将来にとって由々しき問題だと心配しています。


そもそも、なぜ人は勉強をするのでしょうか？

学校のテストがあるから？　いい学校や会社に入るため？

僕はそのどちらでもないと思います。**人が勉強するのは、シンプルに「楽しいから」**ではないでしょうか。

本来、勉強は〝娯楽〟です。

知らないことを知って、わからないことがわかるようになる。他の生物には与えられなかった発達した脳を持つ、人間だけに与えられた娯楽なのです。

ではなぜ、誰もが楽しめるエンターテインメントであるはずの勉強を、嫌いになってしまう人が多いのでしょうか？

それは過剰に「平均」「一律」を強制する日本の教育の考え方が原因ではないかと思います。

国語・数学・英語・社会・理科……、すべての教科でまんべんなくいい成績を取れる生徒が「優秀」と呼ばれる学校教育では、好きな科目を伸ばすよりも、苦手な科目を克服することが重視されます。

すると、勉強の多くの時間を「苦手克服」というあまり楽しくないことに費やすので、〝勉強＝苦痛、忍耐〟のイメージが定着してしまいます。

最初は面白がっていたはずの好きで得意な科目の勉強に没頭できないから、つまらなく感じるようになるのです。

この構造は、行き過ぎた食育とも共通します。

「好き嫌いをしてはいけない」「全部食べなさい」「栄養バランスを考えて」。もちろん食べ物に対する感謝や健康管理は大切ですが、食べることは本来は人間にとって本能が喜ぶ楽しみだったはず。

「食べたいものを好きなだけ食べる」という体験も認めて、楽しみとして共有する。たまにはそんな機会もつくるほうが、心がのびのびと育つのではないか？　と僕は考えます。同じことが勉強にも言えるのです。

とはいえ、学校教育がすぐに変わるのは難しいでしょうから、**今の環境の中でできる、勉強の楽しさを積極的に見つけていく**ことをおすすめします。

ちなみに、僕の体験を告白すると、学生の頃、学校の授業は本当につまらないと思っていました(君はもちろんよく知っているよね?)。

でも、僕が学校に行かないと親も困っちゃうだろうなあと思って、とりあえず学校には行っていました。でも、授業はほとんど聞かずに、自分で持ち込んだ本で勝手に自習をしていました。

教室の雰囲気を乱さないように、一応は教科書とノートは開いているんだけど、持ち込んだ本もこっそり開いて読んでいました。

勉強そのものは好きだったし、成績もよかったけれど、先生にとって真面目な生徒とは言えなかったと思います。面白い話をしてくれる先生の話はよく聞いていたけれど、つまらない先生の授業は自主的な勉強に徹していました。

それに、いくら相手が先生であっても、納得できないことがあれば、かなり反発していました。

あるとき、学校で突然「シャープペンシル禁止」というルールができました。理由は「授業中に分解する生徒がいて、授業に集中できていないから」。

おかしいと思った僕はハッキリと先生に言ってみた。「面白い授業をしている先生の前では、誰もシャーペンを分解していません。分解したくなるようなつまらない授業をするからいけないんじゃないですか」と。

その後、僕は職員室に呼び出されて、「反省しなさい」と怒られました。でも、なぜ反省しないといけないかわからなかったから謝りたくありませんでした。

すると、「立っていなさい」と言われ、しばらくするとまた「そろそろ反省したか？」

と聞かれます。

僕は全然反省していなかったんだけど、毎週楽しみにしているピアノレッスンの時間が迫っていたから、「はい、反省しました」と言って解放されました。

大人と子どもの中間にいる君たちは、宙ぶらりんな存在だからこその苛立ちもたくさんあるはずです。子どもだって、大人の世界とやりくりするのは結構気を使うものなのだということが、自分の経験からもよくわかる。

君がほどよく折り合いをつけながら、あまり無理に自分を曲げることなく、しなやかにやり過ごしていくことを願っています。

人生を豊かにする読書習慣

勉強を楽しみに変えるために、誰でもすぐにできる方法の一つとして、「読書」があります。

僕の周りの**イキイキと楽しく生きている大人たちの共通点の一つが、読書習慣**です。誰かの体験や物語を通じて、知らなかったことを知る喜びをいつまでも忘れず、絶えず自分の世界を広げていく。好奇心が常に発動しているという感じで、何歳になっても若者のようなフレッシュなエネルギーを放っています。

最近観たＮＨＫのテレビ番組で、「健康的なシニアに共通していた習慣の1位は、食事や運動を抜いて読書だった」という解説を聞きました。

また、僕がかつて参加していたカンボジアに学校をつくるプロジェクトで知ったのは、初めて学校に通う子どもたちにまず教えるのが「文章を読めるようになる力」なのだということです。

次に、「文章を書けるようになる力」、続いて「計算力」。まさに日本でも昔から言われている「読み書きそろばん」と同じだ！　と驚いたのですが、やはりこの順番が大事なのだそうです。

文章を読めるようになれば、本を読めるようになります。教科書だけじゃない、いろんな本を読む力が身につくから、先生から教えられること以外の情報から無限に学べるチャンスが広がります。読むことを通じて新しい知識をどんどん得ていくと、悪い人から騙されるリスクも減って、生活が改善されていくのです。

次に、文章を書く技術を身につけたら、たくさんの人に自分の思いを説明、伝達できるようになります。さらに、計算ができるようになると、自分なりの計画で商売を始めることもできて、経済的な自立につながっていきます。

社会において必要な基礎学力のファーストステップは、「読む力」なんですね。

君も小学生の頃からよく本を読んできましたよね。

厳格だった父親は、僕に本をたくさん買い与えてくれて、父親自身もよく本を読んでいました。

いくら「本を読みなさい」と親から言われても、その親が全く本を読まなければ、説得力がないですよね。その点、僕の場合は、読むことに没頭して楽しむ大人の姿をいつも感じられていたから、自然と読書に夢中になりました。小学校高学年の頃には、主だった全集は2、3回繰り返し読み終えていたと思います。

よく言われることですが、読書の醍醐味《だいごみ》とは、一度きりの自分の人生だけでは経験し得ない多様な人生を追体験できること。

現実的には、学校と家庭という狭い世界の中しか行動範囲が限られる子どもであっても、**本を通じてまだ見ぬ広い世界に触れることで、「世の中にはこんな世界が広がっているのか」と将来が楽しみになる。**

ぼんやりとでもいいから、未来に対して希望を抱けるかどうかは、その後の人生に深く関わっていきます。もしも、「勉強がつまらない」と思ったら、家や図書館にある本を1冊、手にしてページをめくってみてください。

お金と幸せは別物

かつて、〝所有〟はお金持ちの象徴でした。

豪華な高層マンションや別荘、高級車や宝石、ブランドのバッグ。

これら形あるものの所有が、「豊かさ」の証明だったことをみんなが信じていた時代が長く続いていました。

しかし、本当はそうではないんじゃないかと、多くの人が気づき始めたのが平成の30年間だったと思います。

決定的な転換期は2020年に訪れました。世界中を同時に襲った未知のウイルスに立ち向かうため、国や自治体のリーダーが「ステイホーム」を呼びかけ、人の移動が極端に抑え込まれました。

お金を持っている人も、持っていない人も、みんな等しく、家にいましょう。

大勢の人を集めてパーティーを開くこともできない日常では、高級なネクタイも、プライベートクルーザーも役に立ちませんでした。

新しい生活の中では、家族やごく身近な友人たちといかに仲良く、一緒の時間を過ごせるかが、「豊かさ」の指標に変わっていったのです。

人類にとってつらい経験ですが、とても大切な、本質的なことに気づかされるきっかけにもなりました。

しかしながら、若い人たちはもっと早くからそれを知っていたし、とっくに生活を変えていたのです。

今の10代、20代は口をそろえて、「特に買いたいものは浮かばない」と言います。生まれた頃から、インターネットに触れてきた世代は、スマートフォンさえ手に入れば、好きな音楽もすぐに聴けるし、映画も観られるし、友達といつだって会話ができる世界に生きています。

異性との出会いはマッチングアプリ経由で、共通の趣味のある恋人を見つけることも、昔より簡単にできるそうです。そんな便利なものがなかった時代の若者たちは、「合コン」という名の男女参加型の飲み会を企画したり、スキーを名目に気になる女の子を遊びに誘ったり。音楽は無料では聴けず、買って聴くものでした。

物質的な消費をしなくても、友達や恋人と楽しい時間は過ごせることを体感している今の10代、20代は、「お金を持つこと」と「幸せであること」を結びつけて考えていません。

かといって、白けているわけでは全然なくて、この世代の起業家や投資家たちは

「自分がやりたいことを夢中になってやっていれば、お金は後からついてくる」と、信じて行動しているように見えます。それも、なりふり構わずやるのではなくて、自分も周りの人にも無理をさせないスタイルで、肩の力が抜けている。

成功の先にあるのは、独占的な所有ではなくて、社会を明るくする何か。昔の偉大な経営者たちが持っていたような社会性を、自然体で放っているのです。

僕はこの感覚がすごく好きで、かっこいいなあと心からリスペクトをしています。だから積極的に彼、彼女たちに会い、どんな未来をつくろうとしているのか、話を聴かせてもらっています。

未来への希望は、ある

僕は今、とても希望を感じています。

「失われた20年」と言われた時代では、暗闇の中になんとか光を灯《とも》そうと模索してきましたが、今は確実に光が生まれていると感じられます。

せっかく生まれた光をもっと明るく輝く光へと拡大させられるように、彼らが活動しやすい環境をちょっとでも耕すこと。

これが僕の果たすべき投資家としての使命だと強く感じています。

「最近の藤野さんはお元気そうで、とても幸せそうですね」とよく言われます。

自然豊かな逗子の街に引っ越しして、健康的な生活を送っているという理由もあるかもしれません。でも、一番の理由は「未来に希望を感じているから」だと思います。

この若い人たちなら、日本の未来をきっと明るくしてくれるという希望。〝未来に対する希望〟がどんどん膨らんでいるのです。

14歳の君にも、この希望を伝えたい。

「日本はもう終わりだよ」とか「高齢化の時代に生まれて、損な世代だね」とか、ネガティブなことをわざわざ言ってくる人の言葉に振り回されないでほしい。

それが事実ではないことは、株価の数字を見せながらお話ししましたね（122ページ）。

日本はこれからどんどん元気に、上向いていくはずです。

本質的な幸せとは何かを知り、「社会のためになりたい」とピュアな気持ちで夢を追える若者たちが、そのカギを握っています。

誰もが名前を知る大企業に関するニュースは、暗い内容が多いかもしれないけれど、今はまだ小さな存在でニュースにならない未来のスターたちが、これからの日本をつくっていこうとしている。

ついこの間も、僕の逗子の家に、尊敬すべき20代の友人たちが遊びに来てくれました。僕が投資しているベンチャー経営者2人と、ベンチャーキャピタリストとして活躍する笠井レオ君です。

笠井君をはじめとするこの世代の投資家たちは、日本と世界を垣根なく見ていて、気負うことなく「世界一になりたい」と言える目線の持ち主です。

過去の世代がつくりあげた社会ではなくて、新しい社会を自分たちのやり方でつくってやる。そんな世代が、ニョキニョキと頭角を表し始めていて、楽しみでなりません。18歳から25歳くらいの、君よりも少し上の先輩たちの世代です。

だから、君も**将来について考えるときには、〝新しくつくる側〟になろうと、ぜひ発想してみてほしい。**古い価値観の大人たちがつくった世界に、無理に自分を合わせる必要はないのだから。背伸びをせず、今の君が興味を持てることや、共感できることに向かって、素直に進んでいけばいいと思います。

「そんなことしたって、役に立たない」と言って、親や先生は反対するかもしれないけれど、未来に何が起きるかなんて誰もわからない。

僕も最近はますます、自分の可能性に蓋をするのをやめています。

年齢や忙しさを言い訳にせずに、「やりたいことはなんでもやってみよう」とチャレンジする意識を持つと、毎日の生活がもっと楽しくなりました。

例えば、最近では人生で初めてウインドサーフィンに挑戦しました。

うまく波に乗れるまで時間はかかるだろうなと覚悟していましたが、20回くらい海にボチャンボチャンと落ちました。

ボチャンと落ちては這い上がり、ボチャンと落ちては這い上がり。ただそれだけの不恰好な映像をフェイスブックに投稿すると、たくさんの人が「いいね！」を押してくれました。普通は、猛特訓の末にかっこよく波に乗れるようになった映像を投稿するのかもしれないけれど、僕は落ちている姿を見せるほうが、ずっと意味があるんじゃないかなと思ったんです。

大人もどんどん失敗する姿を見せていけば、若者だって気楽に挑戦できるようになる。僕が尊敬する先輩たちも、〝さらけ出し〟が得意な人たちばかりです。

コンサルタント界のドンと言われる堀紘一《ほりこういち》さんとお話ししていたとき、堀さんが「僕、正直言って、コンサルとは何かよくわからないし、経済のこともよくわからない」と言うのでびっくりしたけれど、同時にますます尊敬の念が沸いてきました。

子どもも大人も、やりたいことをやっている。失敗したってなんのその。

そんな空気をみんなでつくっていけたら、日本にはチャレンジャーがどんどん生まれて、もっと元気な社会へと生まれ変われるはずです。

盗んで、与える「ギブ経済圏」を

君が何かやりたいことを見つけて、そこに早く到達するための知識や技能を学ぶ必要が生まれたときに実践してほしいことがあります。

それは、先輩を真似ること。YouTubeを見たり、コミュニティに入ってみたり、本を読んだり。憧れの先輩のノウハウを知る機会は、数年前よりはるかにオープンに広がっています。学びの機会を活用して、ワザを盗み、積極的に取り入れていってほしいと思います。

「盗むな！」「真似るな！」と怒られないかと心配になりますか？

大丈夫です。**「すごく参考になったので、使わせてください」と真正面から伝えたら、きっと嫌な顔をする人はいない**でしょう。ニコニコとうれしそうに、「どうぞ。使って使って！」と歓迎のリアクションを返してくれる人が多いはずです。

人は、誰かの役に立てることがうれしい生き物なんです。むしろ、自分のワザを盗んできた相手のことを好きになり、かわいがったりする。

「盗むと、好かれる」なんて不思議かもしれないけれど、本当にそうなんです。盗んだほうが、得をするんですね。

先輩から盗んだワザを自分のものにできたら、今度は惜しみなく人にあげましょう。

あげると減っちゃうんじゃないかと心配になるかもしれないけれど、これもむしろ逆。コンセプトや考え方は、あげてもあげてもなくなりません。人に教えるために説明することで、一層理解が深まったり、ロジックが強化されたりして、ますます自分のものになります。

あげているのに、なくならない。それどころか、増えていく。だから、どんどん誰かにあげましょう。

Give gives give.

これは僕がよく使う言葉で、少し意訳すると「与える者は、与える者を、与える」という意味です。誰かに惜しみなく与えることで、同じように誰かに惜しみなく与える人を増やしていける。すると、だんだん「与える人」が集まってきて、その中での価値交換が循環していく。まるで**「ギブ経済圏」**。まずは自分から与える。誰かから与えてもらったら、きちんと感謝を伝える。そして、他の誰かにまた与える。

こんなエコシステムがあちこちで回っている社会がつくれたら、世の中の困りごとはあっという間に解決されていくでしょう。

反対に、「これは苦労して得てきたものなんだから、絶対に誰にも渡せない！」と言って隠す人が時々います。何重にも鍵がかかった金庫にしまい込んで、なかなか奥義を人前に出さないタイプ。

この場合の多くは、いざ人前で披露したときに「そんなものだったの？」と失望される結果に終わってしまう。

なぜなら、コンセプトや考え方というのは、時代の風にさらし、たくさんの人に使われながら鮮度を保っていくものであって、金庫の奥に置いておくだけでは、干からびてしまうから。誰かに使ってもらうことで、生かされるもの。だから、人に与えるほうが、結局は自分の得になるのです。

金庫から連想して、ある映画の結末について話をしたくなりました。ネタバレになるので、映画のタイトルは控えます。

ある技能を習得しようと修行を重ねていた主人公が、ついに達人の域に達したクライマックスシーン。技能の極意を得たら、伝説のドラゴンが残した秘伝の巻物を手にすることができるという言い伝えから、主人公は厳しい修行に耐え、乗り越えてきました。そしてついに、巻物がその手に。高鳴る鼓動を抑えながら、開けてみると……なんと〝白紙〟だったのです！

先人が残した秘伝などもともとなく、自力で獲得した技能がすべて。

仮に、秘伝がそこに書かれてあったとしても、おそらく役に立たない。先人の時代では役に立ったかもしれないが、今に通じるわけもなく、ただ風化と劣化で失望させるだけだ。

白紙であったことからも、深い意味が受け取れます。

白紙とはつまり、無限の可能性——**自ら学び、成長できる者だけが、この白紙の**

巻物を受け取り、そこに何かを新たに描くことができるという希望の凝縮です。

さて、主人公はこの〝白紙〟をどう活かしていくのでしょうか。

「同時代人」の君たちと

この本もそろそろ終わりに近づいてきました。

「お金」を切り口に、14歳の君と語り合えた時間は、僕にとっても有意義でした。

この春から、僕は広島に新しくできた叡啓《えいけい》大学で客員教授として教鞭《きょうべん》をとります。大学生向けの講義は、これまでも20年以上続けてきましたが、新しい大学の立ち上げから関わるのは初めてのことで、ベンチャースピリットを刺激されます。第1期生になる学生たちと、一緒になって歴史をつくれることにワクワクしています。

僕がこうやって教育に関わる活動を続けていることに対して、「藤野さんはもう少し投資の本業に時間をかけてはどうか」と苦言を向ける人もいます。

しかし、僕からすると、**これからの時代をつくる若者に直接触れ、共に学べる以上に本業に生かされるインプットはない**と思っています。

大げさでなく、僕は彼・彼女たちからとても学んでいます。

社会に出る一歩手前にいる人たちが、何を見て、何を思い、何が好きで、何が嫌いなのか、何を楽しんで、何に苦しんでいるのか。それらを感じ取れるチャンスを持っている投資家と、そうでない投資家では、成績は大きく変わるはずです。

加えて、〝当事者視点〟に立つ機会も、僕にとって必要だと感じてきました。

日本の大学教育は転換期にきていると指摘されていて、ビジネスサイドから「日本の教育はなっていない」と批判する声も絶えません。

僕も日本の教育には課題があると感じています。だからこそ、できるだけ当事者として大学の内側に入って、課題に向き合い、実践していこうと決めたのです。

君も、自分のことをよく知らない人から、いきなり「君はもっとこうすべきだ」と言われてカチンときたことはないですか?

僕は〝行動しない批判者〟にはなりたくなかったから、中に入って、自分なりにできることを始めました。そのほうが、自分の意見も聞いてもらえるかなあと思ったのです。そういう取り組みをしてきた結果、僕は人よりも幅広い年齢層の人たちと直接関われるチャンスに恵まれました。10代の大学生から、20代のミレニアル世代の起業家、40代の氷河期世代の起業家、80代のベテラン経営者。

いろんな世代、いろんな価値観の人たちと接しながら、いつも大切にしているのが、〝同時代人〟という感覚です。

年齢の差、立場の差、性別の差、宗教の差、体の特徴の差、いろんな違いがあるけれど、**たった一つ、共通しているのは「この時代を共に生きている仲間」であること。**たまたま同じ時代に生まれ、同じ歴史的瞬間を見守り、同じ空気を吸っている。そして、同じ感動を味わって、同じ課題を抱えている。

同時代人として、一緒に苦楽を共にする仲間として、お互いに何ができるだろうか? そう考えるだけで、相手にかける声のトーンや話し方、耳の傾け方はずいぶんと変わってくるのです。

14歳の君も、親に対してムカつくことばかりかもしれないけれど、〝同時代人〟として親と向き合ってみると、何か気づくことがあるかもしれませんよ。

価値観が違うのは当たり前。そこからがスタートです。


14歳の君たちの世代も、素敵な同時代人ばかりです。福岡に住んでいる中学3年生のかんた君は、「社会起業家になりたい」という夢を語ってくれました。14歳から「社会起業家」という言葉が出たことに、僕は驚きました。

かんた君は、小学生の頃にお小遣いを貯めて東南アジアにホームステイをしたことをきっかけに、世界のさまざまな問題に関心を持ち、解決に貢献できる大人になりたいと思ったのだそうです。

2年前にはベトナムの少数民族の村を訪ね、自分より小さな子どもたちが学校に行かずに働いている現実を目の当たりにしたというかんた君。学校に通うのが当たり前だと思っていたのに、そうではない子どももいることに衝撃を感じたのだそうです。

そして、お母さんの仕事を通じて出会ったカッコいい大人が「社会起業家」と名乗っていたことが、この職業を知るきっかけだったのだと話してくれました。

世界の問題について調べれば調べるほど、ちゃんと結果を出すための資金が必要になるという現実も見えてきたというかんた君。

「藤野さんはどうしてそんなにたくさんのお金を持っているんですか？」という質問をしてくれました。

「かんた君、すごくいい質問をしてくれたね。僕は投資家として、たしかにたくさんのお金を集めているかもしれない。今ちょうど1兆円くらいのお金を動かしているからね。でも、それは僕のお金ではなくて、たくさんの人から預かっているお金なんだ。たくさんの人が少しずつお金を預けてくれて、1兆円も集まった。じゃあ、なぜこんなにたくさんの人が僕にお金を預けてくれているのかを知りたいよね？」

かんた君は熱心な目線を変えず、「はい」とうなずいてくれました。

「人からお金を集めるために必要なことはただ一つ、〝信頼〟だと僕は思っているんだ。預かったお金をうまく使って、世の中の役に立つように工夫をする努力と結果を、誠心誠意見せていく。それしかないと思う」

信頼が集まるところに、お金も集まります。

お金を集めるには、信頼を磨くことが不可欠なのです。

「かんた君も将来、仲間を集めて、やりたいことを実現するための資金を集めるときがくると思う。自力で全部集められるかもしれないけれど、最初は難しいかもしれない。そのときは、金融の仕組みを使えばいいんだ」

お金を持っていても使う目的がない人と、お金は足りないけれどやりたいことがある人。この組み合わせで、大きな夢が動き出す。その間を取り持つのが投資家です。

僕はかんた君にどうしても言いたくて、つけ加えました。

「お金がたくさんあっても、やりたいことがなければ何も動き出さない。出発点はお金じゃなくて夢なんだ。かんた君はもうすでに出発点をつくっているということ。

これは誰でもできることじゃない、素晴らしいことなんだ。だから自信を持って、その夢をどんどん口に出していってほしい。きっと助けてくれる人が現れるから。リーダーの仕事は、なんでもできるようになることじゃない。道を示して、応援してくれる仲間を集めることなんだ」

そして、**「始めることを、大人になるまで待つ必要はない」**とも。

思いがあるなら、いつでも始めていい。

スタートを切るのは、主人公の君なのです。

おわりに

最後まで読んでくれたみなさんに、僕から伝えたいことがあります。

若さという強みを武器にしてください。

14歳のみなさんは、僕たち大人が欲しくて欲しくてたまらないものを持っています。

それは「時間」です。

今からなら、いくらでも、何にでも挑戦できる。

その自由な選択がその手の中にあることを知ってほしいと思います。


もし自由に挑戦できないとしたら、その理由の一つは、周りの大人が「こうしなさい」「こうするべきだ」とプレッシャーをかけてくるからかもしれません。あるいは「しょせん無理だよ」とブレーキをかけてくることもあるでしょう。

そんなときは、どうか思い出してほしい。

一番大事なのは、自分の気持ちなのだということを。

みなさんが持っている「時間」を存分に活用するために、「自分の気持ちに嘘をつかない」ことを大切にしてほしいと思います。

そして、その日々の中でみなさんが使うお金は「未来の投票券」。さて、みなさんはどんなお金の使い方をするのだろう？ そして、どんな未来の景色をつくり上げていくのだろう？ 想像するだけでワクワクしてきます。

僕は僕で、自分の好きな未来をつくれるように、消費や投資のセンスをこれからも磨いていきます。

お互いに知恵を出し合って、生きたい未来を共につくっていきましょう。

では、そろそろ本当に終わりの時間です。ここまで読んでくれたみなさんに、僕からプレゼントがあります。とても特別なプレゼントです。

深呼吸を3回したら、一度目をつぶって、目を開けて、次のページをめくってみてください。

僕が伝えたいメッセージを込めました。

さあ、どうぞ。

この白紙こそが私からの熱いメッセージです。
グッドラック。成長したみなさんと会えるのを楽しみにしています。

14歳の自分に伝えたい
「お金の話」

2021年5月13日　第1刷発行
2022年4月8日　第3刷発行

著　者　藤野英人
発行者　鉄尾周一
発行所　株式会社マガジンハウス
〒104-8003 東京都中央区銀座3-13-10
書籍編集部　☎03-3545-7030
受注センター　☎049-275-1811
印刷・製本所　凸版印刷
編集協力　宮本恵理子　千葉はるか
ブックデザイン　三森健太（JUNGLE）
イラストレーション　須山奈津希

ISBN978-4-8387-3152-7 C0033

※本書は、特定の金融商品の推奨や投資勧誘を意図するものではありません。
投資にあたっての最終判断は、最新の情報を確認し、ご自身の責任で行ってください。